기도하는 즐거움

기도하는 즐거움

-보경스님의 『화엄경』「약찬게」 강설

초판 1쇄 발행 2010년 3월 20일
초판 3쇄 발행 2010년 9월 1일

지은이 보경
펴낸이 이규만

펴낸곳 불교시대사
등록일자 1991년 3월 20일
등록번호 제300-1991-27호
주소 (우)110-320 서울 종로구 낙원동 58-1 종로오피스텔 1020호
전화 (02)730-2500, 725-2800
팩스 (02)723-5961

ISBN 978-89-8002-122-2 93220

보경스님의 『화엄경』 「약찬게」 강설

기도하는 줄거움

불교시대사

아는 만큼 믿을 수 있고
믿는 만큼 앎이 굳건해집니다

　세상의 많은 종교 가운데 유대교, 기독교, 이슬람교는 중동에서, 유교와 도교는 중국에서, 그리고 불교와 자이나교, 힌두교, 시크교는 인도에서 나왔습니다. 이를 통해 인류의 위대한 종교들은 모두 아시아권에서 기원되었다는 것을 알 수 있습니다. 그렇다면 인간은 왜 종교를 필요로 할까요? 또한 종교가 인간을 규정할까요, 아니면 인간이 자신의 필요에 따라 종교를 만들어가는 걸까요? 이 모든 질문들에 답을 하기는 참으로 어렵고 곤란합니다. 왜냐하면 각 종교마다 교리가 다르고, 그 교리들도 시대의 변천에 따라 성격이 달라졌기 때문입니다.

　하지만, 모든 종교와 사상을 막론하고 공통된 의문이 하나 있습니다. 과연 '나'라는 존재의 본질이 무엇이냐 하는 것입니다. 인간은 누구나 자신이 어떻게 생겨났는지, 죽음 이후의 세계를 어떻게 이해해야 하는지, 그리고 우주의 모든 생명체들은 물론 거대한 행성들까지 어떻게 천차만별의 모습을 가지면서도 질서정연하게 존재할 수 있는지에 대한 궁금증이 있습니다.

당연히 종교나 철학, 나아가 모든 학문들은 이런 의문에 답해야하고, 또 어떤 면에서는 이런 궁극의 질문에 대해 합당한 해답을 자신들의 교리와 이론 속에 갖추고 있다고 말하기도 합니다. 그럼에도 불구하고 우리의 삶은 여전히 미궁 속에 놓여 있고, 만족스럽지못한 것이 사실입니다.

사막에 사는 셈 족의 종교였던 기독교는 신과 그의 피조물인 인간사이의 관계를 설정하는 것이 어려운 문제였습니다. 삶과 죽음의문제마저도 아리스토텔레스의 유명한 논리명제인 'A는 not A와 같지 않다'는 이분법적 사유의 틀로 이해하려 했습니다. 인도의 고대사상은 '아트만-나[我]'라는 존재의 근원과 우주적 근본원리이자절대자요 창조자인 브라흐만이 만물에 내재한다고 봄으로써 나와우주적 질서가 다르지 않다고 보았습니다. 그러나 이마저도 붓다에의해 일체의 모든 것은 고정된 실체가 없이 '연기緣起(모든 조건들의화합)'에 의하여 생멸할 뿐이라고 부정되었습니다.

아트만 사상에서 볼 때 아트만은 불멸의 존재임에도 불구하고 인간은 반드시 죽음을 맞게 되기 때문에 논리적인 모순이 생깁니다.이러한 모순에서부터 윤회사상이 발전하게 되는데, 육신은 사라지더라도 아트만은 육신을 벗어나 다른 몸을 받아 다시 태어난다는 주장을 하게 되고, 좋은 인연을 만들기 위해서는 공덕을 쌓고, 자비심으로 좋은 행위에 대한 믿음을 가져야 한다고 가르쳤습니다. 이처럼 불교사상과 불교 이전의 인도 사상 사이에는 교리적인 절충이 모색되어 왔다고 하겠습니다.

또한 중국을 중심으로 하는 동아시아권에서는 죽음 이후의 세계보다는 어떻게 우연으로 가득한 삶의 부족함을 이해하고 마음을 다스리느냐 하는 것, 그래서 배움에 대한 열정을 무엇보다 강조합니다. 중국철학은 삶의 비애에 함몰되기보다는 유장한 호흡을 가지고 불안전한 삶을 헤쳐 나가는 끈끈한 자세에서 삶의 즐거움을 발견하라는 것입니다.

불교는 중국으로 동진하게 되면서 전혀 새로운 불교로 재탄생하게 됩니다. 실용이성이자 극도의 현세중심으로 살아가는 그들에게는 '부처'라는 '완전한 인간' 마저도 셀 수 없는 생을 거치며 이루어 가는 것이 아니라 현세에 바로 깨달아 부처를 이룰 수 있고, 이 정신적 깊이를 '나무하고 물 긷고 밥 먹고 차 마시는' 일상에서 구현이 가능하다는 사상으로 발전하기에 이르렀습니다. 특히 당대唐代의 육조 혜능선사에 이르러서는 "(교리적인) 문자에 의지하지 않고도 마음을 바로 보면 찰나에 깨달음을 얻을 수 있다"는 참선수행의 혁명적인 전환을 가져오기도 했습니다. 이후 중국불교는 이런 궁극의 깨달음을 추구하는 선불교와 일체를 마음의 작용으로 보는 화엄철학이 만나면서 '선禪'과 '정토淨土'의 내세 구원사상의 두 축으로 내려옵니다. 깨달음이라는 자기 체험을 중요시하는 불교가 초월적 존재로부터의 구원이라는 지극히 이타적인 교설이 마련되었던 것입니다.

나의 오래된 의문은 진리에 눈을 뜬 성현들의 가르침이 어떤 면에서는 동일한 목소리를 내는 듯하고, 어떤 면에서는 전혀 이질적인 주장이 나오게 된 원인이 무엇인가 하는 것이었습니다. 나름의 정진으로 지금까지 이해한 바로는 각 종교나 사상이 생겨난 지리, 문화적 배경에 하나의 해답이 있다는 것, 따라서 이 배경에 대한 공부가 없으면 종교는 우격다짐으로 흐를 수도 있다는 것입니다. 또한 이 문화적 배경의 핵심은 다름 아닌 '먹고 사는 문제'에서 출발하기 때문에 이것을 이해한다면 자기중심으로 다른 사람의 생각을 강제하는 행위보다는 더불어 사는 좋은 사회에 대한 기도와 희망을 놓지 않으리라 생각합니다.

인도에 '만트라'라고 하는 주문을 반복해서 외우는 수행전통이 있듯이 우리도 앉거나 눕거나, 걷고 뛰는 중에 '관세음보살', '나무아미타불' 같은 불보살님들의 명호나 '신묘장구대다라니', '능엄신주' 같은 '다라니', 그리고 『대방광불화엄경』, 『나무묘법연화경』 같은 경전의 제목을 반복해 외우는 기도법이 있습니다. 이와 같은 간명한 기도는 자기 위안과 공덕의 성취를 가져온다는 믿음으로 언제나 사랑받는 기도의 방식입니다. 제가 주지 소임을 살고 있는 서울 법련사에서도 항상 '약찬게' 기도를 합니다. 『화엄경』 「약찬게」는 용수보살이 방대한 양의 경전을 줄인 것으로 대단히 압축된 것이지만, 일정한 운율이 있어서 많은 사랑을 받고 암송되어 왔습니다.

　암송을 위한 정제된 게송의 형식이라 어렵게 생각될 수 있기 때문에 다양한 예화를 들면서 이해를 돕고자 했으며, 현재는 재출가하시어 사문의 길에 계시는 활안스님(한정섭 법사)의 『약찬게 강의본』이 많은 도움이 되었습니다.

　불교는 하나의 종교로서 믿음과 함께 바른 지혜를 중요시합니다. 이것은 다른 종교와 대비되는 불교의 특징이기도 합니다. 좋은 믿음은 앎의 깊이에 따라 차원의 변화가 일어나고, 아는 만큼 믿을 수 있고 믿는 만큼 앎이 굳건해지는 순환구조가 생깁니다. 경전공부는 이런 의미가 있는 것입니다.

　이 책이 나오기까지를 생각하니 많은 분들이 떠오릅니다. 제가 태어나 자란 남도의 모든 것, 그리고 출가하여 제2의 삶을 키워준 조계산을 잊을 수 없습니다. 무엇보다 주지 소임을 살면서 오늘의 기회를 갖게 된 것은 전적으로 법련사 신도들이 있었기에 가능하였습니다. 책이 만들어지기까지의 모든 인연에 사랑과 감사의 마음을 갖습니다.

2010년 3월

삼각산, 일로향실에서

보경

『화엄경』「약찬게」강설을 시작하며

　　『화엄경』「약찬게」강의를 처음 생각했던 것은 제가 주지 소임을 보고 있는 법련사에서 법회마다 「약찬게」기도를 하기 때문이었습니다. 신도들이 「약찬게」를 무작정 독송하기 보다는 한 음절 한 음절에 담긴 뜻을 알고 기도하는 것이 신행생활에 도움이 될 것이라는 생각으로 매달 법회 때마다 「약찬게」를 되도록 알기 쉽게 설명하게 되었습니다. 처음 법문을 시작할 때엔 일반 신도들을 위한 「약찬게」해설서를 찾기 힘들어 어려움이 적지 않았습니다. 방대한 내용을 간략하게 설명하다보니 법문을 듣는 신도들도 쉽지는 않았을 것입니다.

　　그렇게 시작한 「약찬게」강설이 시간이 흐르다보니 자료로 모아지게 되었고, 훗날 『화엄경』「약찬게」를 배우고 싶은 이들에게 도움이 되기를 기대하며 부족하나마 책으로 엮게 되었습니다.

　이슬람 신비주의자인 바야지드(Bayazid, ?~874)가 어느 날 삼매에 들어있는데, 한 남자가 불행한 표정을 지으며 찾아와 자신은 "지난 30여 년간 기도하고 그토록 희구했지만 영적인 행복을 찾는 일에는 조금도 가까워지지 않는다."며 하소연을 했습니다. 바야지드는 "그대의 이기심이 그대와 신 사이를 가로막고 있다."며 3백 년이 흘러도 결코 영적인 행복을 얻기 힘들 거라고 말했습니다. 그는 어떻게 하면 이기심이라는 장애물을 없앨 수 있는지 가르침을 청했습니다. 바야지드가 그것은 쉬운 일이 아니라 결코 내가 시키는 대로 하기 어려울 거라 타일러도 그는 끈질기게 방법을 가르쳐달라며 물러서지 않았습니다.
　바야지드가 말했습니다.
　"수염을 깎고, 호두를 잔뜩 채운 걸망을 메고 저잣거리에 앉아서 '내 따귀를 때리는 사람에게 호두 한 알을 드립니다' 하고 큰 소리로 외쳐라. 만약 그렇게만 한다면 필경 행복을 찾을 수 있을 것이다."
　그 남자가 바야자드를 경멸하는 눈으로 바라볼 뿐 가르침을 받아들이려 하지 않자 바야자드가 말했습니다.
　"이제 다른 길은 없네!"

　우리는 시장거리에 앉아서 뺨 맞기를 거부하고 자신이 생각하는 대로 행복을 찾으려는 사람과 같습니다. 아무리 많은 경전과 다라니를 외울지라도 마음의 근본적인 변화가 일어나지 않는 한, 우리는 여전히 목적지에 도달하지 못한 나그네의 고달픔을 안고 살아갈 것입니다. 마음의 눈을 뜬 다는 것은 쉬운 일이 아닙니다. 자기헌신과 삶의 경건한 자세를 갖출 때 만이 비로소 행복과 자유의 궁전에 들어갈 수 있습니다.

이 책은 일반 불자들이 방대한 『화엄경』의 큰 뜻과 「약찬게」의 내용 을 이해하는데 도움이 되도록 '쉽게 읽는 「약찬게」 해설'에 목표를 두고 있습니다. 많은 도움이 되었으면 합니다.

화엄경 약찬게
華嚴經 略纂偈

제목과 지은이	대방광불화엄경 大方廣佛華嚴經	용수보살약찬게 龍樹菩薩略纂偈
귀경송歸敬誦	나무화장세계해 南無華藏世界海	비로자나진법신 毘盧遮那眞法身
	현재설법노사나 現在說法盧舍那	석가모니제여래 釋迦牟尼諸如來
	과거현재미래세 過去現在未來世	시방일체제대성 十方一切諸大聖
설경인연력說經因緣力	근본화엄전법륜 根本華嚴轉法輪	해인삼매세력고 海印三昧勢力故
운집대중雲集大衆	보현보살제대중 普賢菩薩諸大衆	집금강신신중신 執金剛神身衆神
	족행신중도량신 足行神衆道場神	주성신중주지신 主城神衆主地神
	주산신중주림신 主山神衆主林神	주약신중주가신 主藥神衆主稼神

주하신중주해신　　주수신중주화신
主河神衆主海神　　主水神衆主火神

주풍신중주공신　　주방신중주야신
主風神衆主空神　　主方神衆主夜神

주주신중아수라　　가루라왕긴나라
主晝神衆阿修羅　　迦樓羅王緊那羅

마후라가야차왕　　제대용왕구반다
摩睺羅伽夜叉王　　諸大龍王鳩槃茶

건달바왕월천자　　일천자중도리천
乾達婆王月天子　　日天子衆忉利天

야마천왕도솔천　　화락천왕타화천
夜摩天王兜率天　　化樂天王他化天

대범천왕광음천　　변정천왕광과천
大梵天王光音天　　遍淨天王廣果天

대자재왕불가설　　보현문수대보살
大自在王不可說　　普賢文殊大菩薩

법혜공덕금강당　　금강장급금강혜
法慧功德金剛幢　　金剛藏及金剛慧

광염당급수미당　　대덕성문사리자
光焰幢及須彌幢　　大德聲聞舍利子

급여비구해각등　　우바새장우바이
及與比丘海覺等　　優婆塞長優婆夷

선재동자동남녀　　　기수무량불가설
善財童子童男女　　　其數無量不可說

선재동자선지식　　　문수사리최제일
善財童子善知識　　　文殊師利最第一

선지식善知識　　덕운해운선주승　　　미가해탈여해당
　　　　　　　　德雲海雲善住僧　　　彌伽解脫與海幢

　　　　　　　　휴사비목구사선　　　승열바라자행녀
　　　　　　　　休舍毘目瞿沙仙　　　勝熱婆羅慈行女

　　　　　　　　선견자재주동자　　　구족우바명지사
　　　　　　　　善見自在主童子　　　具足優婆明智士

　　　　　　　　법보계장여보안　　　무염족왕대광왕
　　　　　　　　法寶髻長與普眼　　　無厭足王大光王

　　　　　　　　부동우바변행외　　　우바라화장자인
　　　　　　　　不動優婆遍行外　　　優婆羅華長者人

　　　　　　　　바시라선무상승　　　사자빈신바수밀
　　　　　　　　婆施羅船無上勝　　　獅子嚬伸婆須密

　　　　　　　　비슬지라거사인　　　관자재존여정취
　　　　　　　　毘瑟祇羅居士人　　　觀自在尊與正趣

　　　　　　　　대천안주주지신　　　바산바연주야신
　　　　　　　　大天安住主地神　　　婆珊婆演主夜神

　　　　　　　　보덕정광주야신　　　희목관찰중생신
　　　　　　　　普德淨光主夜神　　　喜目觀察衆生神

보구중생묘덕신 　　적정음해주야신
普救衆生妙德神 　　寂靜音海主夜神

수호일체주야신 　　개부수화주야신
守護一切主夜神 　　開敷樹華主夜神

대원정진력구호 　　묘덕원만구바녀
大願精進力救護 　　妙德圓滿瞿婆女

마야부인천주광 　　변우동자중예각
摩耶夫人天主光 　　遍友童子衆藝覺

현승견고해탈장 　　묘월장자무승군
賢勝堅固解脫長 　　妙月長者無勝軍

최적정바라문자 　　덕생동자유덕녀
最寂靜婆羅門者 　　德生童子有德女

미륵보살문수등 　　보현보살미진중
彌勒菩薩文殊等 　　普賢菩薩微塵衆

어차법회운집래 　　상수비로자나불
於此法會雲集來 　　常隨毘盧遮那佛

어련화장세계해 　　조화장엄대법륜
於蓮華藏世界海 　　造化莊嚴大法輪

시방허공제세계 　　역부여시상설법
十方虛空諸世界 　　亦復如是常說法

육육육사급여삼 　　일십일일역부일
六六六四及與三 　　一十一一亦復一

품명品名

세주묘엄여래상　　보현삼매세계성
世主妙嚴如來相　　普賢三昧世界成

화장세계노사나　　여래명호사성제
華藏世界盧舍那　　如來名號四聖諦

광명각품문명품　　정행현수수미정
光明覺品問明品　　淨行賢首須彌頂

수미정상게찬품　　보살십주범행품
須彌頂上偈讚品　　菩薩十住梵行品

발심공덕명법품　　불승야마천궁품
發心功德明法品　　佛昇夜摩天宮品

야마천궁게찬품　　십행품여무진장
夜摩天宮偈讚品　　十行品與無盡藏

불승도솔천궁품　　도솔천궁게찬품
佛昇兜率天宮品　　兜率天宮偈讚品

십회향급십지품　　십정십통십인품
十廻向及十地品　　十定十通十忍品

아승지품여수량　　보살주처불부사
阿僧祇品與壽量　　菩薩住處佛不思

여래십신상해품　　여래수호공덕품
如來十身相海品　　如來隨好功德品

보현행급여래출　　이세간품입법계
普賢行及如來出　　離世間品入法界

유통송流通誦

시위십만게송경   삼십구품원만교
是爲十萬偈頌經   三十九品圓滿敎

풍송차경신수지   초발심시변정각
諷誦此經信受持   初發心時便正覺

안좌여시국토해   시명비로자나불
安坐如是國土海   是名毘盧遮那佛

『화엄경』「약찬게」는 80권 39품 10만게 240만 자의 『화엄경』을 총 770자 110구로 요약 정리한 게송으로서, 제목에서부터 삼보 대중과 53 선지식, 회향에 이르기까지 체계적으로 구성되어 있습니다.

1) 제목과 지은이 (대방광불화엄경 ~ 용수보살약찬게)

경의 제목과 「약찬게」를 지은 용수보살을 소개하고 있습니다.

2) 귀경송歸敬誦 (나무화장세계해 ~ 시방일체제대성)

모든 경전은 반드시 불보살님 전에 먼저 예경을 드리는 것으로 시작합니다. 예경의 핵심은 불보살님에 대한 찬탄입니다. 『화엄경』「약찬게」도 청정법신 비로자나불 · 원만보신 노사나불 · 천백억화신 석가모니불 등 일체여래와 시방삼세의 모든 성현들께 귀의하는 것부터 시작됩니다. 『화엄경』은 비로자나불이 주가 되기 때문에 제일 먼저 비로자나불이 나옵니다.

이 '귀경歸敬'이 종교의 핵심입니다. 공경할 수 있다는 것, 의지할 수 있다는 것이 종교에서 누리는 큰 복입니다. 축복은 남으로부터 받는 것입니다. 내가 내 스스로 자축하는 법은 없습니다.

"잘 됐군요." "정말 축하드립니다." "드디어 이루셨군요." "아름다워지셨군요."

이처럼 남에게서 듣는 행복한 한마디가 큰 축복의 인사인 셈입니다. 남에게 축복의 말로써 공덕을 지어야 합니다.

좋은 생각을 하면 좋은 일이 생기고 부정적으로 생각하면 될 일도 안 됩니다. 귀의歸依는 의지함입니다. 혼자 힘으로는 일어서지 못하는 아이가 엄마의 손을 잡으면 아장아장 걸을 수 있습니다. 또 칡넝쿨이 나무에 의지하면 높이 올라 갈 수 있습니다. 바로 의지하는 공덕입니다. 내가 가진 힘보다 더 큰 힘이 생기는 것입니다.

3) 설경인연력說經因緣力 (근본화엄전법륜 ~ 해인삼매세력고)

경을 설하게 된 힘의 인연은 해인삼매에 의거한다는 뜻입니다.

4) 운집대중雲集大衆 (보현보살제대중 ~ 기수무량불가설)

보현보살을 위시한 모든 보살대중과 39류의 화엄성중이 나열됩니다.

5) 선지식善知識 (선재동자선지식 ~ 역부여시상설법)

『화엄경』「입법계품」의 주인공인 선재동자와 선지식들이 나옵니다. 문수보살을 비롯해 보현보살에 이르기까지 선지식은 모두 53분입니다.

6) 품명品名 (육육육사급여삼 ~ 삼십구품원만교)

경이 설해진 곳과 『화엄경』 각 품명을 소개하고 있습니다. 부처님은 7곳에서 9번에 걸쳐 39품을 설하셨습니다.

7) 유통송流通誦 (풍송차경신수지 ~ 시명비로자나불)

이 경을 믿고 수지하면, 그 초발심이 씨앗이 되어 마침내 부처님의 화장세계에 들어갈 수 있다는 내용입니다.

『화엄경』「약찬게」는 중생이 보살행을 통해서 청정한 본성을 깨달아 정각을 이루는 길을 제시합니다. 그러므로 『화엄경』의 정신은 구체적 실천에 그 뜻을 두고 있다는 것을 잊어서는 안 됩니다.

첫 번째 강설

화엄경, 이것이다

『대방광불화엄경 大方廣佛華嚴經』

불교의 교리와 경전은 다른 어떤 종교보다 방대한 체계와 논리를 갖추고 있어서 어렵게 느껴지는 것도 사실입니다. 예로부터 사람들을 가르치는 방식도 시대와 문화에 따라 발전을 거듭하여 다양하게 전개되어 왔습니다. 특히 인도에서는 경전을 외워서 기억해 왔습니다. 자주 반복하면서 그 뜻을 되새기며 수련의 방편으로 삼았던 것입니다.

학문은 '때때로[時]'와 '익힘[學]'의 반복입니다. '습習'은 '깃 우羽'와 '흰 백白'이 합해진 글자입니다. 알에서 깨어난 새가 하늘을 날기 위해 부단히 날개를 퍼덕이며 애쓰는 것에서 본떠 만들어졌습니다. 이 새는 하늘을 한 번도 날아본 적이 없습니다. '백白'은 '하얗다'는 것인데, 이것은

'백치', '무지함'을 의미합니다. 자꾸 날으는 훈련을 하면서 경험을 축적해가다 보면 어느 날 문득 허공을 날아오를 수 있게 됩니다.

부처님의 마지막 말씀이 '불방일정진不放逸精進'입니다.

'게으름 피우지 말고 부지런히 정진하라'는 당부의 말씀입니다.

『화엄경』은 석가모니 부처님께서 깨달음을 최초로 설하신 경전이고, 「약찬게」는『화엄경』을 간략하게 정리한 것입니다.

모든 경전마다 설하는 내용의 큰 줄기가 있습니다.『화엄경』의 대의는 '통만법 명일심通萬法 明一心'입니다. '만법을 하나로 통해 일심을 밝힌다'는 뜻입니다.

◉ 「화엄경」이 설해진 배경

✽ 화엄경 : 깨달음을 최초로 설하신 경전

석가모니 부처님께서 니련선하尼蓮禪河에서 목욕을 하시고 지금의 보드가야 대탑이 있는 보리수 아래에서 정각을 이루시고 삼매에 들어 깨달음의 내용을 살피신 후 설하신 경전입니다.

'과연 이제부터 설하는 모든 법을 중생들이 알아들을 수 있을까?'

그렇게 망설이는 사이, 다시 마구니들이 나타나 부처님께 그냥 열반에 드시라고 유혹합니다. 그러나 부처님은 생각 끝에 중생들을 위한 법을 설하기로 마음 먹습니다. 그리고 제일 먼저 21일 동안 『화엄경』을 설하십니다. 해인삼매에 들어 문수보살, 보현보살과 같은 상근기의 보살들에게 깨달음의 내용을 설명한 것입니다. 『화엄경』은 부처님께서 일곱 군데에서 아홉 번에 걸쳐 설하신 것입니다. 전체 구성은 39품으로 되어 있습니다.

이 설법은 부처님의 세상에 대한 회향입니다. 만약 부처님께서 성도 하시고 그냥 열반에 드셨다면 불교가 존재할 수 있었겠습니까? 부처님이 부처님일 수 있고, 공자가 공자이고, 예수가 예수이고, 모하메드가 모하메드인 것은 당신들이 그와 같은 일을 했기 때문입니다. 그 일로 인해 우리가 그분들을 거룩하게 보고 귀의하는 것입니다.

● 『화엄경』의 종류

『화엄경』은 방대한 경전입니다. 그 번역본도 세 종류가 있습니다.

하나는 당나라 반야삼장般若三藏이 795년에서 798년에 걸쳐 번역한 '40권 화엄'입니다. 둘째는 북인도 출신으로 중국 동진 시대에 활약한 불타발타라佛陀跋陀羅(Buddhabhadra, 359~429)가 418년에서 420년에 걸쳐 번역한 '60권 화엄'입니다. 불타발타라는 구마라집鳩摩羅什, 혜원

慧遠, 법현法顯 등과 친교를 맺기도 했던 분입니다.

셋째는 당나라 실차난타實叉難陀(Siksānanda, 652~710)가 695년에서 699년까지 번역한 '80권 화엄'입니다. 실차난타는 710년에 열반할 때 혀가 타지 않고 남았기 때문에 고국인 우전국으로 보내 7층탑을 세웠습니다. 탑 이름은 '화엄삼장탑華嚴三藏塔'입니다. '80권 화엄'의 번역은 측천무후의 전폭적인 지원 속에 이뤄졌습니다. 특이한 것은 여러 종류의 『화엄경』이 모두 사막의 오아시스였던 우전국에서 발견되었다는 것입니다.

◉ 『대방광불화엄경』이란

불교에서는 모든 사물에는 '체體 · 상相 · 용用'이라는 구성의 원리가 있다고 설명합니다. 이것을 잘 알아야 합니다.

유리병을 비유로 들 수 있습니다.
*병의 요소는 유리입니다.[체體]
*유리를 녹여 병 모양이 만들어집니다.[상相]
*그 병에 우리는 물을 담고 꽃을 꽂습니다.[용用]
유리병에 물을 담아 꽃을 꽂아 쓴다고 할 때, 어느 하나의 요소라도

빠지면 쓰임이 불가능합니다. 그래서 불교에서는 우주만물의 생성과 작용의 원리를 이렇게 체·상·용으로 봅니다.

① 대大는 그 바탕의 크기를 말합니다. 즉 '체體'가 됩니다. 체는 한 없이 크고 깨끗합니다. '광겸무제廣兼無際'로, 넓고 넓어 끝이 없다는 말입니다.[心之體]

② 방方은 법의 모양입니다. '상相'으로 그 모양이 '무비방정無非方正'이라, 바르지 않음이 없다는 뜻입니다.[心之相]

③ 광廣은 '칭체이주稱體而周'로, 그 몸이 법계에 가득 차지 않음이 없습니다. [心之用]

④ 불佛은 '각사현묘覺斯玄妙'여서 대방광의 진리를 깨달아 의심이 없는 것이고 [心之果], 우리가 도달할 최후의 경지입니다.

⑤ 화華는 만행으로 얻어진 꽃입니다. 꽃은 결실을 맺는 필요조건입니다. 그래서 성불을 위한 모든 수행과 선행의 근본 인연[因]을 '화華'라고 표현한 것입니다. 『법화경』의 '화華'도 같은 뜻입니다.[心之因]

⑥ 엄嚴은 인과의 꽃으로 불과佛果의 장엄함을 말합니다. 무엇으로 장엄하냐면 복과 지혜의 행으로 합니다[心之行]. 식법성인飾法成人으로 법신을 완성했다는 뜻입니다.

⑦ 경經은 '무갈용천無竭湧泉'입니다. 끝없는 진리의 샘솟는 물로 중생의 갈증을 없애주고 갈무리 해주듯이 경전의 뜻을 펼쳤다는 말입니다.[心之詮]

◉ 『화엄경』은 광명의 뜻

『법화경』은 '법法'이 근본인데 『화엄경』은 '광명光明'이 주가 됩니다. 『화엄경』의 교주는 비로자나불로서 '빛'을 의미합니다.

이 빛이 우주를 장엄하고 법계를 비추는 것입니다. 우리는 이 빛 속에 항상 존재합니다.

빛은 에너지의 근본입니다. 만약 태양이 없다면 만물이 존재하기 어렵습니다. 그래서 생명이고 존재의 근원입니다. 다른 종교에서도 근본의 이치를 '빛'·'생명'이라 하는데, 이와 깊은 연관이 있습니다.

◉ 크고 아름다워라

청량국사 징관淸凉國師 澄觀은 다음과 같이 해설하기도 했습니다.

대 : 극허공지가도체무변애대極虛空之可度體無邊涯大
　　허공은 헤아려도 마음의 체는 다 헤아릴 수 없으므로 크다
방 : 갈창명이가음법문무변방渴滄溟而可飮法門無邊方
　　바닷물은 다 마실지라도 법문은 다함이 없으므로 바르다

광 : 쇄진찰이가수용무능측광碎塵刹而可數用無能測廣

　　이 세계를 가루로 부순 숫자는 헤아려도 묘한 작용은 헤아릴 수 없다

불 : 이각소각랑만법지유수離覺所覺朗萬法之幽邃

　　깨달음도 떠난 깨달음으로 만법의 그윽한 곳까지 다 비치고

화 : 분부만행영요중덕화芬敷萬行榮耀衆德華

　　만행의 향기를 펴서 모든 덕이 영화롭게 빛나고

엄 : 원자행덕식피십신엄圓茲行德飾彼十身嚴

　　원만한 행과 덕으로 십신을 장식하고

경 : 관섭현묘형성진광지채경貫攝玄妙形成眞光之彩經

　　현묘한 곳까지 꿰어 빛나는 진리의 묘체를 형성한다

◉ 경의 제목만 외워도 훌륭한 기도이다

모든 경전의 제목을 외우는 것으로도 훌륭한 기도가 됩니다.

옛날 과천 땅에 한 총각이 있었습니다. 이 사람은 어려서 부모를 잃고, 남의 집에서 머슴살이를 하며 살았습니다. 7년이 지나 그동안 자기가 일한 품삯을 받고 자기 신세를 생각해 보니 기가 막혔습니다. 조실부모하고 떠돌다 남의 집에서 머슴살이로 힘들게 지내고, 나이 서른이 다 되도록 장가도 못가는 처지가 답답하기 이를 데 없었습니다.

서글퍼진 총각은 나도 한번 멋지게 살아봐야겠다는 생각에 7년 동안 일해 벌었던 돈을 들고 어디든 발길 닿는 대로 가보리라 맘먹고 길을 나섰습니다. 어디로 갈까 생각을 하다 떠나기 전에 자신의 앞일을 알고 싶어 도성의 시체를 버리는 '시기문尸棄門' 옆의 장님에게 점을 치러 갔습니다. 총각은 얼마나 마음이 간절했던지 7년 품삯을 모두 복채로 내놓고는 점을 쳐달라고 했습니다. 그러자 점쟁이는 '대방광불화엄경大方廣佛華嚴經' 글자를 써주면서 말했습니다.

"밤낮으로 외우시오!"

총각은 이 점쟁이가 용하다고 해서 7년이나 일한 대가로 받았던 돈을 모두 바치고 점을 봐달라고 한 것인데, 종이에 고작 일곱 글자를 써주며 무턱대고 외우라고만 하니 그만 미쳐버리고 말았습니다.

총각은 하고 싶어서 한 게 아니고 분통이 터져서 "대방광불화엄경!", "대방광불화엄경!" 하면서 이리저리 길거리를 헤매기도 하고, 산속에 들어가 있기도 하고, 때로는 며칠씩 굶기도 했지만 '대방광불화엄경' 염불만은 반 미친 상태에서도 그치지 않았습니다.

그러던 하루는 산꼭대기 바위에서 외우다 지쳐서 쓰러져 잠이 들었는데, 비몽사몽간에 시커먼 옷을 입은 건장한 남자가 다가왔습니다. 총각이 그에게 무슨 이유로 자기 앞에 나타났는지 묻자 그 사람이 말했습니다.

"나는 전생에 탐심이 많아서 죽은 후에 뱀의 몸을 받아 수백 년 동안을 저 아래 계곡에서 살아왔다. 도랑 바닥에 있는 돌은 자세히 보면 모두 금덩이다. 나는 뱀의 몸을 받고서도 그 금덩이가 아까워 떠나지 못하고 있었는데 그대가 '대방광불화엄경'을 외는 소리를 듣고 문득 마음의 문이 열리게 되었고, 나는 천상으로 가게 되었다. 그래서 가는 길에 당신에게 인사라도 하려고 왔다. 당신에게 은혜를 보답하고자 하니 만약 이 세상에 필요하다고 생각되면 저 계곡 아래 도랑 바닥의 금을 건져다 쓰도록 하라."

총각이 일어나 냇가로 내려가 보니 그곳에는 정말로 금이 있었습니다. 그 후 총각은 정신도 돌아오고 신세가 달라져서 행복하게 살았다는 얘기입니다.

만트라는 '모든 공덕을 이뤄주는 놀라운 힘을 가진 말'입니다. 짧은 음절의 진언을 반복해서 외우는 것입니다. 특히 이 수행은 소리에 대한 집중입니다. 모든 사물은 자체의 진동을 가지고 있기 때문에, 소리에서 우주의 근원을 느끼는 수행입니다.

만트라는 소리이고, 소리는 이 우주의 모든 것 안에서 울려 퍼지고 있음을 생각해 보시기 바랍니다. 물이 흐를 때는 콸콸거리는 소리가 납니다. 그것이 만트라입니다. 나무 사이로 바람이 불 때 나는 살랑거리는 소리, 이것도 만트라입니다. 땅 위를 걸을 때 나는 발걸음 소리도 마찬가지입니다. 더 나아가 인간의 내부에도 스스로 생겨난 불멸의 소리가 있으며, 이 소리는 우리의 호흡과 더불어 스스로 끊임없이 반복한다고 보는 것입니다.

"기도의 공덕은 반복하여 쌓이는 숫자에서 비롯된다"고 합니다. 반복하여 공덕이 쌓이지 않으면 삶의 축복을 기대하기 어렵습니다.

만트라는 일상생활에서 창조적으로 실행할 수 있습니다.
"같은 말을 반복하면 생각이 바뀐다."
사실도 긍정적으로 받아들이면 신비로운 변화가 일어납니다.

다음은 일상의 만트라입니다.

① "행복하다"라고 생각하면 행복한 일이 생기면서 행복해집니다.
② "감사하다"라고 생각하면 감사한 일이 생기면서 감사하게 됩니다.
③ "할 수 있다"라고 생각하면 할 수 있습니다.
④ "하면 된다"라고 생각하면 가능하게 됩니다.
⑤ "이뤄진다"라고 생각하면 하는 일이 이루어집니다.
⑥ "기적이 일어난다"라고 생각하면 아무리 어려운 일도 이루어집니다.
⑦ "재미있다"라고 생각하면 모든 일이 재미있어집니다.

두 번째 강설
갖가지 꽃으로 장엄하며

●
●
●

용수보살약찬게 龍樹菩薩略纂偈

● 불가사의한 힘

　경전의 한 구절 한 구절은 우리가 상상할 수 없는 불가사의한 힘이 있습니다. 무엇이든 반복하면 힘이 붙기 마련인데 경전독송을 반복하면 그 힘은 훨씬 더 커지게 됩니다. 염불수행을 하근기의 수행으로 치부하기도 하는데, 그렇게 폄하할 수 있는 게 아닙니다.

　송나라의 유교학자인 주진사朱進士라는 사람은 사서삼경四書三經에는 능통했지만 불교의 경전은 알지 못했습니다. 그러던 어느 날 고개 너

머에 사는 친구를 찾아가던 중 소나기를 만나게 되어 잠시 비를 피하기 위해 한 암자로 들어갔습니다. 그가 마루에 걸터앉아 비가 그치기를 기다리는데 "대방광불화엄경!" 하는 소리가 들렸습니다. 그는 처음 듣는 생소한 소리인 '대방광불화엄경'을 자기도 모르게 속으로 몇 번 읊조렸습니다. 친구 집에 도착한 주진사는 불교경전에 대해 많이 알고 있는 친구에게 그 경이 무엇인지 물었습니다. 그러자 친구는 불교의 여러 경전을 설명해주었고, 이런저런 얘기를 나누다 집으로 돌아왔습니다.

그 일이 있고 몇 달이 지난 어느 가을날, 주진사는 잠깐 잠을 자다 그대로 숨이 멎고 말았습니다. 죽은 당사자는 자신이 죽었다는 것도 모릅니다. 죽었다 싶은 순간 다시 한 세계가 또 열리기 때문입니다.

그는 숨이 멈췄으나 여전히 의식이 있는지라 죽었다는 생각은 못하고 잠에서 깨어난 듯 두리번거리며 마당을 거닐다가 집 뒤로 돌아가 보니 전에는 없던 큰 누각이 서 있었고, 누각 위에서는 신선 여럿이 바둑을 두고 있었습니다. 평소 바둑을 좋아하던 주진사가 그들 틈에 끼어들어 훈수를 하자, 신선은 한판 두고 싶은지 물어왔습니다. 주진사가 한판 두고 싶다고 대답하자 신선은 바둑을 두려거든 옷을 바꿔 입으라며 비단옷을 내주는 것이었습니다. 그 비단옷을 받아들려는 순간 허공에서 벼락 같은 소리가 울렸습니다.

"대방광불화엄경 소리를 듣고 몇 번 읊조려본 사람이 어찌 그런 옷을 입으려 하느냐!"

주진사가 정신이 번쩍 들면서 깜짝 놀라 눈을 떠보니, 가족들이 자신을 붙들고 통곡을 하며 입관하려는 참이었습니다.

의식을 차린 주진사가 꿈에 본 광경이 궁금해 뒤뜰로 가 보았습니다. 그랬더니 볏짚 위에 개가 새끼를 네 마리 낳았는데, 그 중 한 마리가 죽어 있었습니다.

이것은 무엇을 말합니까? 하마터면 개의 몸을 받아 태어나고 말 것인데 주진사는 '대방광불화엄경'을 몇 번 읊조린 공덕으로 축생의 몸을 면한 것입니다. 이렇듯 경전을 보고 읽는 공덕은 불가사의합니다. 몸에 지니는 것도 마찬가지로 위신력이 있습니다.

경전을 어렵다고만 생각하지 마시기 바랍니다. 사람들은 뭐든 하려 하면 항상 새롭지만, 하기 싫으면 어렵다는 생각부터 합니다.

요즘은 카드보다도 얇은 호신불護身佛이 있습니다. 우리 절에서는 호신불을 제작하여 항상 신도들이 수지할 수 있게 하고, 주위에도 나눠 드리고 있습니다. 저 자신도 밖에 나갈 때면 여러 개 가지고 다니다가 인연이 되는 대로 나눠 주면 누구나 좋아합니다. 또 「약찬게」나 「사대주四大呪」를 수지용으로 제작하여 나누어 드리면서 수시로 외우도록 당부하고 있습니다. 이런 조그만 기도 하나하나가 쌓이면 큰 힘이 됩니다.

법문을 가볍게 여기는 마음도 안 되고, 어렵다는 생각으로 퇴굴심退屈心(겁을 먹고 굴복하여 물러나는 마음)을 내어서도 안 됩니다. 그냥 간절한 마음으로 경청하면 자연히 이해가 됩니다. 혹 지금 이해가 안 되더라도 훗날 어느 기회에 다시 들으면 그 때는 더 잘 알아들을 수 있습니다. 한 번에 쉽게 얻으려는 마음이 큰 병입니다.

● 용수보살은 누구인가

용수龍樹는 인도 사람으로 원래 이름은 '나가르쥬나Nagarjuna' 입니다. 남인도 태생으로, 부처님 열반 후 6~7백년 경(2~3세기)에 살았습니다.

용수는 어려서부터 총명하여 모든 학문을 통달했습니다.

가끔 친구들과 어울려 왕궁에 몰래 들어가 궁녀들과 놀곤 했는데, 이 일이 탄로가 나서 함께 붙잡힌 친구는 그 자리에서 맞아 죽고 본인은 간신히 살아납니다. 그때 '마음의 욕망이 모든 괴로움의 근원' 임을 통감하고 출가하여 가비마라迦毘摩羅(Kapimala, 불교 13대 조사임) 존자의 가르침을 받습니다.

시간이 흘러 용수는 만행 중에 설산의 한 노비구를 만나 대승법문을 듣고 그의 안내로 『화엄경』을 보게 되었는데, 일부는 외우고 일부는 책을 가져와 오늘의 『화엄경』이 알려지게 된 것이라 합니다.

● 용수와 중관철학의 전통

『화엄경』「약찬게」를 지으신 용수보살龍樹菩薩은 불교사에서 아주 중요한 분입니다.

　용수보살은 대승의 최고 논사論師로 추앙되는 분입니다. 대승의 논서論書를 제일 먼저 쓰신 분도 바로 용수보살입니다. 용수보살은 불교의 여러 사상뿐만 아니라 외도外道의 사상에도 조예가 깊었습니다. 그는 대승의 '공사상空思想'에 입각하여 이에 어긋난 여러 실재론實在論적 견해들을 설파해 내었습니다.

　대승불교는 개인의 깨달음을 우선적으로 추구하는 기존의 분위기에 반발하여 대중적인 종교운동으로 일어난 것입니다. 그러나 시간이 경과함에 따라 대승불교도 자연히 철학적인 정립이 필요하게 되었습니다. 그래서 소승불교처럼 많은 논論을 쓰게 됩니다.

　용수보살 당시에 초기의 대승경전들, 즉 반야의 경전인 『화엄경』, 『법화경』, 정토경전들이 비록 지금과 같은 형태는 아니었겠지만, 이미 성립되어 유통되고 있었음을 우리는 용수보살의 저서들을 통하여 알 수 있습니다. 용수보살은 이 경전들을 해석하는 논論을 지었는데, 그의 저서들 가운데 철학적으로 중요한 것들은 다음과 같습니다.

① 반야경전 계통의 공사상에 입각하여 그릇된 실재론적인 견해들을 논파하는 저서들로서, 『중론中論』, 『십이문론十二門論』, 『공칠십론空七十論』
② 역시 공사상에 입각해 외도를 파하는 『회쟁론廻諍論』
③ 『대품반야경大品般若經』의 주석서로서 용수사상의 여러 가지 측면을

포괄적으로 보여주는 『대지도론大智度論』

④ 『화엄경』 「십지품十地品」의 주석서인 『십주비바사론十住毘婆思論』과 화엄의 유심사상唯心思想을 논하는 『대승십이론大乘十二論』

　이처럼 용수보살의 교학은 상당히 포괄적인 것이었으며, 단순히 반야 경전의 공空사상만을 전개한 것이 아닙니다. 그럼에도 그의 철학은 어디 까지나 공사상에 있었으며, 이 때문에 그의 『중론中論』을 중심으로 하여 중관철학中觀哲學이 성립하게 되었습니다.

　이와 같이 중관불교의 중대한 역할을 선도한 용수보살은 불교의 핵심 이 연기설緣起說에 있음을 간파하고, 이를 중심으로 기존의 불교를 철학 적으로 분석·종합하여 대승불교를 새롭게 확립함으로써 제2의 불타佛 陀로 받들어지기도 합니다. 용수가 제2의 불타로 자리매김된 것은 무엇 보다 기존의 불교에 대한 탁월한 해석과 회통會通(언뜻 보기에 서로 어긋나는 뜻이나 주장을 해석하여 조화롭게 함)적 종합화에 기인한다고 하겠습니다. 그 리고 그러한 해석과 회통적 종합의 이론적 토대는 다름 아닌 '연기설'에 대한 그의 독자적인 해석 방법입니다. 그는 기존의 불교사상(초기불교, 부 파불교, 『반야경』)에서 명확하게 드러나지 않았던 '연기'와 '공' 같은 문제 들을 그의 독특한 논증방식(공의 논리)에 의해 체계적으로 밝혀내어 불타 의 근본 사상을 종합적으로 규명하였습니다.

　특히 초기불교에서 부파불교를 지나 용수보살에 이르기까지 약 오백 년에 걸쳐 불교의 중심 교리로 사용되어 왔던 '연기'라는 말을 '팔불八

不'과 '상의相依'라는 개념에 의해 새롭게 조명함으로써 연기는 그 의미 상에 있어 근본적인 변화를 가져왔습니다.

예컨대 『반야경』에서 명료하게 밝히지 못한 연기와 공의 관계 및 그 의미를 '팔불八不'과 '상의相依'라는 새로운 개념을 도입하여 논구論究 함으로써 연기의 기본 성격을 분명히 하였을 뿐만 아니라, 무자성無自性 (자성이 없음. 모든 것은 연기에 의해 생멸하므로 홀로 존재하는 것은 없다는 의미) 공관空觀의 연기를 확립하였습니다.

그에 의해 불교는 비로소 철학적인 기초와 종교적인 깊이를 다질 수 있게 되었던 것입니다.

용수보살의 생애에 대한 전설적 일화보다 중요한 것은 그의 사상입니다. 고대 철학자의 저술에 대하여 항상 제기되는 실제 저작여부와 관련된 논란에도 불구하고 모든 불교학자들이 인정하는 용수보살의 저술은 『중론송中論頌』입니다.

중국에서는 『중론송』의 요약본이라고 할 수 있는 『십이문론』과 함께 그의 제자 아리아제바의 『백론百論』 등 세 가지 논을 소의경전所依經典 (근본경전)으로 한 삼론종三論宗이 생겼으며, 그 핵심은 이른바 '파사현정 破邪顯正'이라는 한 구절로 압축될 수 있습니다. 파사현정이란 '삿된 견해를 깨트려 곧 진리를 드러낸다'는 뜻을 담고 있습니다.

✳ 팔불八不

용수보살의 대표적 저술인 『중론中論』의 「귀경게歸敬偈」에 "생하지도 않고 멸하지도 않으며, 상주하지도 않고 단멸하지도 않으며, 하나도 아니고 다르지도 않으며, 오지도 않고 가지도 않는다(不生亦不滅 不常亦不斷 不一亦不異 不來亦不去)"라는 게송이 있습니다.

이것은 열반涅槃의 의미를 드러내기 위한 것인데 열반은 원래 생生하는 것도 멸滅하는 것도 아니므로, 연기하여 생한 일체의 모든 법은 생하지도 않고 멸하지도 않으며, 상주하지도 않고 단멸하지도 않는 것으로서, 어떠한 자성自性이 있지 않은 공空임을 표명한 것입니다.

이 여덟 가지 부정, 즉 팔불八不은 중생들의 수많은 미혹된 견해를 대표하는 생生·멸滅·단斷·상常·일一·이異·래來·거去의 여덟 가지 견해를 부정한 것으로서, 외도들의 사견邪見과 불교 내의 유부有部 등의 유견有見을 척파한 것입니다.

✳ 상의相依

용수보살의 공사상은 어디까지나 연기를 전제로 하고 있습니다. 곧 연기하여 생겨나는 일체의 법은 고유한 본성, 즉 자성이 없으며, 고정적인 자성이 없으므로 공하다고 설하는 것입니다.

『중론』에서 설하는 '제일의제第一義諦'와 '세속제世俗諦'의 내용은 이 뜻을 잘 설명하고 있습니다. 세상의 모든 존재는 일체가 공하며 이러한 견지에서 제법을 관하는 것이 '제일의제'입니다. 그러나 제법이 비록 공하지만 한편으로는 현실적으로 연기하여 상대적인 세계가 성립하기도 하니 이 같은 세간의 입장이 곧 '세속제'입니다.

『중론』에서는 제일의제는 세속제에 의하지 않으면 얻을 수 없고, 또 이 이제二諦(제일의제와 세속제)의 도리를 잘 파악하지 못하면 깊은 불법의 뜻을 알지 못한다고 설하여, 공이 결코 단순한 무無가 아님을 역설하였습니다.

◉ 『화엄경』으로 아수라 군대를 물리치다

모든 경전은 수지와 독송에 불가사의한 위신력이 있습니다. 『화엄경』의 위신력과 관련되어 전해져 오는 이야기를 하나 더 소개하겠습니다. 영창 원년(689), 우전국의 삼장법사였던 인다라파야因多羅波若가 중국 장안의 위국동사에 찾아와 현수 법장대사를 만나 실제했던 이야기라며 전한 것입니다.

우전국에 반야미가박般若彌伽薄이라는 스님이 출가한 지 얼마 되지 않아 『화엄경』을 독송하며 지내고 있었는데 이상하게 생긴 두 사람이 스님 앞에 나타나 절을 올렸습니다. 그들은 사람이라고 하기 어려울 정도로 괴이한 생김새를 하고 있었습니다. 스님이 어디서 왔느냐고 묻자 그들은 하늘을 가리키며 "저 위에서 왔습니다" 하며 하늘의 천제께서 모셔 오라 했으니 같이 하늘나라로 가자고 했습니다. 스님이 무슨 영문인가 싶어 가만히 있자 하늘에서 소리가 들려왔습니다.

"두려워하지 말거라. 잠시 눈을 감으면 된다."

하늘이 시키는 대로 반야미가박이 눈을 감았더니 순식간에 두 사람이 천상으로 데리고 올라갔습니다. 어딘가 도착한 느낌이 들어 눈을 떠보니 화려한 궁전 안이었고, 앞에는 천제가 앉아 있었습니다. 그런데 그 천제가 스님 앞에 무릎을 꿇고 간절히 부탁을 했습니다.

"지금 하늘나라의 병사들과 아수라가 전쟁을 하고 있는데 우리 병사들이 위기에 처해 있습니다. 스님은 『화엄경』을 독송한 위신력이 있으니 경전을 독송하셔서 그 법력으로 아수라들을 물리쳐 주시기 바랍니다."

이에 스님은 하늘의 전차를 타고 깃발[幡幢]을 흔들면서 소리 높여 『화엄경』을 외웠습니다. 그러자 하늘의 병사들은 용기를 내어 싸우기 시작했고, 아수라들은 놀라서 흩어지고 말았습니다.

하늘나라의 모두가 기뻐하며 원하는 것이 무언지 물었습니다. 그리고 다 들어주겠다고 했습니다. 그러나 스님은 "깨달음을 얻고자 할 뿐 다른 것은 필요치 않다."라고 당당히 말했습니다. 하지만 깨달음만은 하늘나라 사람들도 해줄 수 없으니 다른 것을 말해보라고 하자, 스님은 더 이상 말하지 않았습니다.

얼마 후 스님이 지상에 내려오자 몸에서 향기가 흘렀고 그 향기는 죽을 때까지 없어지지 않았습니다. 반야미가박이 임종에 이르러 부처님처럼 오른쪽으로 누워 "나는 청정한 불국토에 나게 되었다"라는 말을 남기고 열반에 들었습니다.

◉ "갖가지 꽃으로 장엄하며……"

'화엄華嚴'은 '여러 꽃으로 아름답게 장엄하다'는 뜻입니다. 법계法界에 가득한 부처님의 지혜와 덕을 찬탄하는 것입니다. 꽃뿐만이 아니고 보석이나 천, 향긋한 과일까지 일체 만물이 공양이 되고 장엄을 이룹니다.

「약찬게」는 『화엄경』을 줄여서 만든 게송입니다. 모든 경전의 형식은 어떤 법을 설했으면, 그것을 줄여 다시 게송으로 옮깁니다. 당연히 이 게송은 외우는 것을 전제로 합니다. 그래서 이 「약찬게」도 반드시 외워야 합니다. 자꾸 반복해서 외우다 보면 힘이 붙게 되어 있습니다. 여름에 선풍기를 틀 때에 바람 속도를 1단에서 점점 높여 가면 바람세기가 달라지는 것과 같습니다.

『법화경法華經』이건 『화엄경華嚴經』이건 경의 제목에 '화華' 자가 나옵니다. '빛날 화華'의 머리는 '풀 초艹'이고 몸 부분은 나무에 꽃과 열매가 달린 모양입니다. 글자의 모양대로 뜻을 해석하자면, '나무에 꽃이 피고 열매가 주렁주렁 달리다'가 됩니다. 참고로 풀이 꽃을 피우는 경우는 '꽃 영榮'을 씁니다.

옛날에는 '화華'와 '화花'를 같이 쓰기도 했습니다. 한문에서는 음이 같으면 글자를 차용하여 쓰기도 합니다. 그래서 경전에 가끔 '꽃 화花'가 '화華' 대신 쓰인 것을 볼 수 있습니다.

꽃은 피었다 시들지만, 우리 마음에도 꽃이 피어난다면 그것은 시들지 않는 꽃입니다. 마음의 밝고 즐거움이 겉으로 드러나게 되니까 보는 사람도 즐겁고 기쁜 법입니다. 내가 꽃이 되면, 보이는 모든 것이 '꽃'입니다.

『화엄경華嚴經』 글자 풀이

'화華'는 꽃이 피어서 열매를 맺어가는 시작을 의미합니다. 수행의 결실을 맺는 것이 성불입니다. 꽃이 피는 것이 발심이요, 보살이라는 꽃으로 피어나는 것입니다. 이 발심과 보살행의 수행의 때가 '화華'요 '꽃'입니다. '심화心華(마음의 꽃)'입니다. 열매의 원인이고 근거가 됩니다. 그래서 '인因'이라 합니다. 절집에서는 '초발심初發心'을 중요하게 생각합니다. 처음 시작하는 마음이 결과를 담보하기 때문입니다. '처음 초初'는 '옷 의衣'에 '칼 도刀'가 더해진 글자입니다. 옷을 만들려면 크기를 잰 후에 재단을 합니다. 재단을 잘못하면 제대로 된 옷을 만들 수 없습니다. 모든 일이란 게 처음도 중요하고 결과도 좋아야 합니다. 그래서 부처님 법문을 '처음도 좋고 중간도 좋고 나중도 좋다'고 합니다.

세 번째 강설

내 고약한 버릇

나무화장세계해 南無華藏世界海
비로자나진법신 毘盧遮那眞法身
현재설법노사나 現在說法盧舍那
석가모니제여래 釋迦牟尼諸如來

절집에서 말합니다.
"달리 특별한 것을 구하지 말라!"

지루함을 견디는 것도 큰 공부입니다. 세상을 산다는 것은 "시련이 없어도 깊은 상처를 입는다[便無風雪也摧殘]"라고 합니다. 삶이 아무리 무상할지라도 우린 살아야 합니다. 꿈과 환상, 고통과 슬픔은 끊임없이 얼굴을 내밉니다.

"한가함이 가장 큰 고통이다[閑愁最苦]"라는 말이 있습니다. 선가禪家에서 '물 긷고 장작 패는 일상도 그대로 신묘神妙한 도'라고 한 것은 인간의 삶이란 것이 결국 시간 속에 존재하는 것인데, 무료함을 달래면서 심연을 메워가는 역정임을 갈파한 것입니다.

잔잔한 삶의 즐거움은 이 일상에서 중생에 대한 자비로운 마음, 바로 회향에 있습니다. 남을 향한 따뜻한 마음입니다. 이 마음을 일깨우기 위해서는 종교와 사상을 초월해서 다양한 문화권의 뛰어난 영혼을 가진 사람들에 대해서도 폭 넓게 알아야 합니다. 이런 것이 다 공부가 됩니다. 페르시아의 신비주의자인 루미(1207~1273)의 시를 한 편 소개해 드리겠습니다.

내 가장 고약한 버릇

– 잘랄루딘 루미

내 가장 고약한 버릇은 겨울 날씨에 지쳐서
함께 있는 사람을 고문하는 것
당신이 여기 없다면, 아무 일 없는 거다
아무래도 나는 명료함이 부족하다
내 말은 뒤틀리고 엉클어졌다
나쁜 물을 어떻게 고칠 것인가?
그 물을 강으로 돌려보내라
나쁜 버릇을 어떻게 고칠 것인가?

나를 당신에게 돌려보내라

소용돌이치는 버릇이 물에 들었거든

바닥을 파서 바다까지 길을 내어라

거기에는, 너무 크게 상처를 입어

아무것도 희망할 수 없는 자들에게만

제공되는 신비스런 약이 있다

희망을 품은 자들이 그것을 알게 되면

경멸당했다고 느낄 것이다

네가 사랑하는 친구를, 할 수 있는 대로

오래오래 바라보아라, 그가

너를 등지고 떠나든 아니면 너에게로

다시 돌아오든, 상관치 말고

우리는 불법의 화장세계를 꿈꿉니다. 그런데 이 세계가 꼭 죽음 이후의 일이 아니라 이생에서 이런 경지를 터득하지 못하면 죽은들 달라질 것도 없고, 다시 태어난들 뾰쪽한 수도 없습니다. 그저 끝없이 윤회 속에서 허덕일 뿐입니다.

부처님의 광대무변한 불법의 바다에만 들어가면 열반이고 해탈입니다. 루미는 바닥을 파서라도 바다에 이르는 물길을 만들라고 했습니다. 인간의 마음이 이렇게 경외감으로 가득 찰 수 있다는 것을 깊이 생각해 보시기 바랍니다.

● 나무화장세계해 南無華藏世界海

'나무南無'는 '나마스namas'의 음역입니다. '귀의한다'는 뜻입니다. 모든 기도나 경전에 '나무~' 이렇게 나오면 '~에 귀의한다'는 뜻으로 아시기 바랍니다.

'화장세계華藏世界'는 '연화장세계蓮華藏世界'의 줄임말로, 불보살님들이 머무시는 정토이며 '극락極樂'이라고도 합니다. 그 정토를 연꽃에 비유해 그 연꽃과 연꽃마다의 잎이 하나의 세계로 층층이 이뤄진 중중무진重重無盡한 법계요, 그 연꽃이 바다와 같이 광대무변한 세계라는 말입니다.

그래서 '나무화장세계해'는 '부처님의 광대무변한 연화장 세계에 귀의한다'는 뜻입니다.

불교에서는 '법法'이라는 말을 많이 씁니다. 세계도 '법계法界'라 하고, 설하는 말도 '법문法門'이고, 음식도 '법식法食'이라고 합니다. 왜 법이냐 하면, 모든 것이 존재하는 근본 이치가 있기 때문입니다. 그 이치란 것은 존재의 방식이고 '질서'입니다. 질서를 가지지 못하는 것은 살아남지 못합니다. 애초에 생겨나지도 않습니다.

질서는 건너뛰는 법이 없습니다. 순서대로 됩니다. 개인의 인과에서부터 이 우주 만물에 이르기까지 다 질서가 있습니다. 질서는 또 순환하는 법칙이기도 합니다. 주기가 있다는 뜻입니다. 개인의 몸도 주기가 있고, 거대한 우주의 천체도 주기가 있습니다.

주기에서 벗어나면 어떻게 될까요? 주기를 갖지 못한다는 것은 운동의 정지를 의미합니다. 특히 중국·한국·베트남·대만·일본 같은 동아시아권에서는 우주의 질서를 음양陰陽과 오행五行(木·火·土·金·水)의 상관관계로 파악했습니다. 좋으면 취하려 하고, 싫으면 밀어내는 속성이 핵심입니다. 그래서 상생相生은 서로 도와주고, 상극相剋은 서로 밀어 냅니다.

그런데 상극이라 해서 나쁜 게 아닙니다. 우리는 잘못된 것이나 불편이 오히려 자극이 되어서 좋은 결과를 가져오는 경우를 잘 알고 있습니다. 다 한 생각 차이입니다. 마음을 넓게 쓰도록 하십시오.

◉ 비로자나진법신 毘盧遮那眞法身

'비로자나毘盧遮那'는 '바이로차나vairocana'의 산스크리트어[범어梵語]입니다. 이것은 한마디로 광명, 빛과 관련이 있습니다. 해가 떠오르면 일시에 모든 곳에 광명이 두루 비추지 않는 곳이 없음을 생각해보면 이해가 쉽겠습니다.

그리고 몸은 법신法身이라서 사람 같은 형상이 아니고 빛으로 존재한다는 것입니다. 그래서 몸도 빛이고, 지혜와 덕도 다 빛입니다.

　우리가 많이 외우는 광명진언이 바로 이 부처님과 관련이 있습니다. 이 진언을 외우면 중생의 번뇌와 업식이 빛처럼, 꽃가루처럼 가볍게 날아가 버립니다. 영가에게 이 진언을 외워주면 영가의 생전 업장이 가벼워져 정토에 왕생하기가 수월해집니다.

　나이 마흔을 넘긴 인생의 중후반에는 우울증을 많이 겪는다고 합니다. 이 우울증은 정신장애여서 방치하면 자살로도 이어집니다. 이럴 때 집 안팎을 오고가면서 광명진언을 외워보시기 바랍니다. 심신이 가벼워지고 활력이 생기는 것을 느낄 수 있을 겁니다.

옴 아모가 바이로차나 마하무드라 마니파드마 즈바라 프라바를타야 훔

　이 광명진언은 청정법신인 비로자나 부처님의 진언으로, 모든 진언에서도 가장 미묘하고 보배로운 것이라 했습니다. 비유하기로는 작은 조개껍질로 바닷물을 다 퍼낼 수 있을지라도 이 진언공덕을 헤아릴 수 없고, 시방세계의 티끌을 다 헤아리고, 여름철의 사나운 빗방울 수는 알 수 있을지라도, 이 진언공덕은 이루 다 말할 수 없다고 합니다.

　『불공견색 비로자나불 대관정광명진언경不空羂索　毘盧遮那佛　大灌頂光明眞言經』에 이런 내용이 있습니다.

"광명진언을 외우면 일체 악귀와 악령이 소멸하여 맹수와 독사가 범치 못하고, 광명진언을 외우면 벼락불이 달아나고 살괴가 침노치 못하며, 삼세업장이 소멸되고 칠대선망부모와 누대종친이 이고득락하며, 광명진언을 외우면 악마가 해를 끼치지 못하고 백 천 재앙이 이르지 못하며, 광명진언을 외우면 일만 원한이 다 풀리고 천만소원이 다 이루어 여의광명의 본색을 낱낱이 나타내게 되는 것이다."

또 광명진언을 외우면 일체 중한 죄를 멸하고 숙업의 일체 고난을 소멸하며 지혜·변재·복락·장수를 얻고, 만약 망인이 악업을 많이 지어 삼악도에 떨어지게 되었을지라도 망자의 이름을 부르고 광명진언을 일심으로 외우면 천상에 태어날 공덕을 갖추게 됩니다.

그리고 장례를 치를 때에 망인의 시신이나 분묘 위에 모래를 뿌려주면서 광명진언을 외우면 그 신묘한 힘에 의해 극락정토에 왕생할 수 있다고 합니다.

신라의 원효대사는 『유심안락도遊心安樂道』에서 다음과 같이 말씀하셨습니다.

"만일 중생이 이 진언을 두 번이나 세 번, 또는 일곱 번을 귀로 듣기만 하여도 죄업이 소멸된다. 또 중생이 십악十惡과 **사역죄四逆罪**(부모를 죽이고, 아라한을 죽이고, 승가의 화합을 깨뜨리고, 부처님의 몸을 상처입히는 죄)와 사중죄四重罪(살생, 도둑질, 음행, 깨달음을 얻었다고 거짓말하는 죄)를 지어 악도에 떨어질지라도 이 진언을 외우면 능히 해탈할 수 있다. 특히 그릇에 모래나 흙을 담아 놓고 이 진언을 108번 외워 그 모래를 시신 위에 흩거나 묘지에 뿌려주면 비로자나부처님의 광명이 망자에 이르러 극락세계에 왕생할 수 있다.”

실제로 원효대사는 조그만 바가지에 강변의 깨끗한 모래를 담아 광명진언을 108번 외운 후에 그 모래를 시신 위에 뿌리는 것으로도 영가천도를 했다고 전해옵니다. 모든 경전의 독경이나 명호를 부르는 기도도 그렇지만, 이 진언을 듣고 환희심을 내는 이는 무량한 공덕이 성취됨도 잊지 말아야 합니다. 또 입으로 외우는 데서 그치지 말고, 이 진언을 글자로 써서 붙여 놓고 자주 보는 것도 좋은 방법이 됩니다.

우리가 절에서 제사 지낼 때 장엄염불을 합니다. 그 장엄염불 중에 다음과 같은 게송이 있습니다.

보화비진료망연報化非眞了妄緣
법신청정광무변法身淸淨廣無邊
천강유수천강월千江有水千江月
만리무운만리천萬里無雲萬里天
보신과 화신은 참이 아니고 거짓 이뤄짐이라
법신은 청정하여 광대무변하네

천 강의 물에 천 개의 달이요

만 리에 구름 없으면 만 리가 하늘일세

우리의 눈에 보이는 현상은 인연에 따라 생겨난 것으로 인연이 다하면 문득 사라지고 맙니다. 몸도 그렇고 사바세계의 모든 것이 그렇습니다. 그래서 거짓으로 이뤄진 것이라고 합니다.

그러나 법신은 청정합니다. 이 청정은 단순히 깨끗함이 아니라 모든 번뇌가 끊어져 더 이상 닦을 것도 없고 의지할 바도 없는 경지의 비유입니다. 그러니 일체 처處, 일체 시時에 임하지 않음이 없습니다. "눈 뜨면 부처님세계입니다." 하는 이치가 바로 이것을 말합니다.

눈을 뜨면 찬란한 광명의 세계가 아닙니까? 이 밝고 청정한 세계가 바로 비로자나 부처님의 광명세계임을 『화엄경』에서 설하고 있습니다. 천 개의 강마다 천 개의 달이요, 만 리 하늘에 구름이 없으면 만 리에 걸쳐 그대로가 하늘입니다. 눈에 보이는 여실한 세계가 비로자나 부처님의 청정법계임을 명심하시기 바랍니다.

◉ 현재설법노사나 現在說法盧舍那

'노사나盧舍那'는 산스크리트어로 '로차나rocana'입니다. '정만淨

滿'으로 번역합니다. 비로자나불의 지혜와 자비가 온 세계에 충만하여 꽃이 피고, 바람이 불고, 비가 오고, 천지 변화가 있습니다. 이 모든 소식이 노사나불의 설법과 다름 아닙니다.

법신法身은 변화하거나 움직이기 전이기 때문에 감지되지 않습니다. 기운으로만 존재합니다. 그 기운이 만물에 옮겨지면 생멸의 변화가 생깁니다. 이것을 단순히 나고 없어지는 것으로 말하지 않고 '묘용妙用'이라고 합니다. 그 묘한 작용을 범부는 헤아리지 못합니다.

다시 말해 노사나불이 설법을 한다는 것은 비로자나불의 법성法性이 작용하는 것이고, 이것을 노사나불이라 하기 때문에 비로자나불과 노사나불은 다른 것 같으면서도 다르지 않습니다.

⚫ 석가모니제여래 釋迦牟尼諸如來

'비로자나진법신·현재설법노사나·석가모니제여래'는 한 세트입니다. 석가모니부처님은 비로자나진법신의 천백억 화신이라고 설합니다. 중생을 위해 눈에 보이는 육신을 취합니다. 그래서 법신·보신·화신은 한 몸이요, 차이가 없습니다.

석가는 인도의 '샤카(산스크리트어 : Sākya, 팔리어 : Sākiya)'족을 말합니다. 우리도 무슨 종족이나 성씨가 있듯 말입니다. 샤카족의 왕인 정반

왕의 아들로 태어나 '싯다르타(Siddhartha: 悉達多)' 태자로 불렸습니다. 훗날 출가하여 정각을 이루시고 45년 동안 전법을 하신 후에 열반에 드셨습니다.

월마은한전성원月磨銀漢轉成圓
소면서광조대천素面舒光照大千
연비산산공착영連臂山山空捉影
고륜본불락청천孤輪本不落靑天
새하얀 달이 점점 커져 둥글어지니
소박한 밝은 빛이 삼천대천세계를 비추도다
원숭이는 공연히 그림자 찾아 헤매나
둥근 달은 본래로 푸른 하늘을 벗어나지 않았도다

하늘의 달이 보름에 가까워지면 크게 부풀어 갑니다. 그러다 밤이 되면 달빛이 참으로 교교합니다. 그 달빛이 내려 물에 비치는 데 그것도 역시 아름답습니다. 그런데 저 재주 많고 의심 많은 원숭이는 실제 달로 착각을 해서 그 달을 건지려고 합니다. 그렇지만 그 달이 하늘에서 떨어진 것은 결코 아닙니다. 하늘을 떠나지 않고 모든 세상을 비춥니다. 그것은 마치 천백억 화신을 나투지만 법신은 본래 그 자리에 여여부동如如不動하다는 뜻입니다.

이런 비유는 경전에도 더러 설해집니다. 전생의 오백나한은 원숭이들이 부처님께 달을 바치기 위해 들어갔다가 모두 급류에 휩쓸려 죽고 말았는데, 그 정성이 갸륵하여 큰 공덕이 되어서 환생하여 오백나한이 되었다는 경전의 설화가 있습니다.

그 달이 한번이라도 하늘을 벗어난 적이 있을까요?

물에 비친 천 개의 달, 만 개의 달이 모두 하나의 똑같은 달이지만 본래의 달은 움직인 적이 없습니다.

불보살님들이 중생을 위해 몸을 나투시지만 본래의 법신은 오고감이 없습니다. 이런 사상은 각 종교에도 비슷한 측면이 많습니다.

네 번째 강설

꽃의 비밀은 꽃에 있다

●
●
●

과거현재미래세 過去現在未來世
시방일체제대성 十方一切諸大聖
근본화엄전법륜 根本華嚴轉法輪
해인삼매세력고 海印三昧勢力故

불신충만어법계佛身充滿於法界

보현일체중생전普現一切衆生前

수연부감미부주隨緣赴感靡不周

이항처차보리좌而恒處此菩提座

부처님은 법계에 충만하여

널리 일체 중생 앞에 나타나시니

인연을 따라 나아가 두루하지 않음이 없으시며

항상 보리좌에 앉아 계시네

　우리나라의 여러 사찰의 대웅전이나 여타 법당의 주변에서 쉽게 볼 수 있는 내용입니다.

　부처님은 법계에 계시지 않은 곳이 없습니다. 충만합니다. 가득 찼습니다. 그렇기 때문에 중생들이 눈만 뜨면 어디에서든 간에 부처님을 볼 수 있습니다. 단지 우리가 보지 못할 뿐입니다.

　부처님께서는 인연에 따라서 나아가시는데 두루 응하지 못하는 것이 없습니다. 인연을 누가 만들겠습니까? 우리 스스로가 만듭니다. 그 인연에 따라 처처에 두루 응하시는데 앉아 계시는 보리좌菩提座를 떠나지 않습니다. 그 자리에서 한 치도 움직이지 않지만 모든 일이 이뤄집니다. 그래서 이 세계를 '중중무진重重無盡한 화엄법계華嚴法界'라고 합니다. 고기 잡는 그물을 보면 같은 크기의 코가 수없이 연결되는 것처럼, 부처님의 세계 하나하나가 서로 영향을 미치며 끊임없이 상속됩니다.

　'수연부감隨緣赴感', 인연에 따르기가 쉬운 게 아닙니다. 불보살님만이 가능합니다. 이분들은 자비심으로 중생들에게 응합니다. 중생의 괴로움을 외면하지 않습니다.

　엄마가 자식에게 보여주는 희생이 하나의 '수연부감'입니다. 아이가 아프면 엄마는 한밤중이라도 의사를 찾아 애를 업고 뛰어갑니다. 심지어 죽어서도 자식이 맘에 걸리면 떠나지 못합니다. 그러므로 잘 사는 것이 큰 효도입니다.

사람은 앞 일이 궁금하면 점을 칩니다. 생년월일을 가지고 풀어서 보는 것을 '명리命理'라 하는데, 엄밀히 말하면 이것은 점이 아니고 그 자리에서 동전을 던진다거나 어떤 대용물을 가지고 보는 것이 점입니다. 동전의 앞뒷면을 음양으로 대치해서 점을 칩니다. 또 숫자로 보는 점은 홀수는 양, 짝수는 음에 해당합니다. 이 음양의 숫자를 여러 번에 걸쳐서 조합을 해보면 현재 그 사람의 기운이 읽혀진다는 이치입니다. 주역에서는 여섯 개의 효爻를 얻어서 일을 판단합니다. 그렇기 때문에 본인이 직접 기운을 실어야 정확한 답이 얻어집니다. 간혹 남이 대신 점을 쳐보는 수가 있습니다. 이때 본인 다음으로 정확한 점은 엄마가 자식을 위해서 치는 점이라 합니다.

한자의 '바깥 외外'는 '저녁에 치는 점'이라는 의미가 있습니다. 점은 보통 맑은 정신으로 이른 아침에 친다 합니다. 그런데 살다보면 부득이 급할 때가 있습니다. 이럴 때는 밤에 치는 것도 봐 줍니다.

◉ 과거현재미래세 過去現在未來世

'삼세'는 '과거 · 현재 · 미래'를 말합니다. 세상은 이 삼세의 연속連續입니다. 그래서 경전에서는 과거 중에 과거 · 현재 · 미래가 있고, 현재와 미래에도 각각 삼세가 있다고 합니다. 그래서 '구세九世'가 됩니다.

그리고 이 삼세는 시간의 영속永續을 의미합니다.

시간뿐만이 아니라 부처님도 과거와 현재와 미래로 계속 이어집니다. 그래서 불법에는 무궁무진한 깊이가 있습니다. 이 점이 바로 불교가 다른 종교와 좀 다른 측면이기도 합니다.

● 시방일체제대성 十方一切諸大聖

'시방十方'은 동서남북과 그 사이, 그리고 상하를 합한 것입니다. 4(동 · 서 · 남 · 북)+4(동북 · 서북 · 동남 · 서남)+2(상 · 하)=10방方이 됩니다. 그러므로 시방은 공간적으로 포함하지 않은 게 없습니다. '시방일체제대성'은 시방 세계에 계시는 모든 성인을 말합니다.

다시 정리하자면 용수보살이 『대방광불화엄경』을 줄여 『화엄경』 「약찬게」를 지었으니, "비로자나불과 노사나불과 석가모니불, 그리고 '과거현재미래세'의 '시방일체 모든 성인'들께 진심으로 귀의하나니……"라고 한 것입니다.

불법의 모든 일은 먼저 불보살님과 모든 성현들께 귀의하는 마음을 밝히는 것부터 시작합니다. 귀의歸依는 '의지함'입니다. 나보다 더 큰 힘에 의지하면 내가 가진 것보다 더 큰 힘이 생긴다는 것을 기억하시기 바랍니다.

'닮고 싶은 부처님'에 대한 옛 선사의 이야기입니다.

백장회해 선사百丈懷海 禪師(720~814)는 선근이 깊었던 분으로 어렸을 때 어머니를 따라서 절에 간 적이 있었습니다. 어머니가 불전에 절을 하는 것을 보고 불상을 가리키며 물었습니다.

"저것이 무엇입니까?"

어머니가 대답했습니다.

"응, 저 분이 부처님이시다."

그때 백장이 이렇게 말했습니다.

"형상은 사람과 같아서 저와 차이가 없군요. 나중에 저도 부처님이 되겠습니다."

이 닮고 싶은 마음이 종교의 시작입니다.

스님이 90세가 되어서도 대중 울력에 빠지지 않자, 하루는 젊은 수좌들이 노스님이 쉬시도록 농기구를 감추어 버렸습니다. 그러자 선사는 방으로 들어가 문을 닫고 하루 종일 나오지 않았습니다. 그리고는 대중들의 공양 걱정에 이렇게 말씀 하셨습니다.

"하루 일하지 않으면 하루 먹지 않는다.(一日不作 一日不食)"

선가禪家의 모든 직책職責에서부터 식사食事에 이르기까지 여러 규율을 포괄한 스님의 '백장청규百丈淸規'는 수행자의 오랜 규범으로서 지금도 그 정신이 이어지고 있습니다.

◉ 근본화엄전법륜 根本華嚴轉法輪

화엄은 만법의 근본이고, 그 법의 수레바퀴를 굴려간다는 뜻입니다. 여기서 『화엄경』, 『금강경』, 『법화경』의 개략적인 설명을 드리겠습니다.

＊경전의 대의

『화엄경』

『화엄경』의 대의를 '통만법統萬法 명일심明一心' 이라 합니다. '일체 만유를 통괄하여 하나의 마음을 드러내 밝힌다' 는 의미입니다. 그 심오하고 방대한 분량의 경전에 담긴 뜻을 함축적으로 잘 드러내주는 말입니다. 어떤 곳에서는 '통만법統萬法' 의 '통統' 을 '통通' 으로 쓰기도 합니다. 같은 의미이니까 어긋나지는 않습니다.

『금강경』

『금강경』은 '파이집破二執 현삼공現三空' 이라 하여, '나 자신에 대한 집착과 그 외의 모든 것들이 텅 비어 없다는 진실을 드러내는 가르침' 이라고 요약합니다.

『금강경』은 불교의 핵심경전 중의 하나입니다. 교敎가 '부처님 말씀' 이고 선禪이 '부처님 마음' 이라면, 부처님 마음은 선종의 근본인 '이심전심以心傳心' 으로 면밀히 계승됩니다. 또 부처님의 말씀과 마음을 분리할 수 없으며, 말의 기본이 생각이고, 생각의 원천이 마음인 점을 보면, 『금강경』은 선종의 근본경전입니다. 또한 조계종의 '소의경전所依經典'이기도 합니다. 소의경전이라는 것은 한 종파가 자신들의 근본이념을 어디에 두느냐는 사상적인 측면입니다.

『금강경』은 불멸 후 900년 경 무착보살無着菩薩이 풀다가 너무 어려운 부분이 많은 까닭에 일광정[日光定 : 삼매三昧의 일종]에 들어 도솔천에 올라가 미륵보살에게 물으니, 미륵보살이 게송을 지어 『금강경』의 대의를 일러주었습니다. 이에 무착보살은 『무착론無着論』 2권을 지으면서 18단으로 분과했고, 그 제자인 천친보살天親菩薩은 『천친론天親論』 3권을 지으면서 27단으로 분과했습니다. 그 후 양무제의 장자인 소명태자昭明太子가 이를 32분과하여 지금에 전해지고 있습니다.

『금강경』의 핵심이 '파이집 현삼공'이라고 했습니다. '아집我執과 법집法執을 깨고 아공我空과 법공法空, 구공俱空을 지향하라'는 뜻입니다. 따라서 『금강경』은 공空사상이라 하겠습니다.

『법화경』

『법화경』의 대의는 '회삼귀일會三歸一'입니다. 온갖 방편으로 나열한 삼승三乘, 사과四果, 오십이위五十二位, 점차漸次 등 일체 단계를 모두 모아서 오직 하나만이 진실인 불승佛乘에 귀착이 된다는 뜻입니다.

✸ 해인삼매세력고 海印三昧勢力故

『화엄경』의 대의가 '통만법 명일심'이라 했습니다. 만법의 한 뜻이 일심(一心)을 밝히기 위함입니다. 그렇다면 근본화엄의 수레바퀴는 어떻게 해야 굴러갈까요? 수레나 마차를 보십시오. 소나 말이 끌었습니다. 자동차는 기름으로 움직이고, 집의 가전제품은 전기의 힘으로 작동됩니다. 마찬가지로 이 근본화엄도 굴리는 힘이 있어야 합니다. 어떤 힘이냐면 '해인삼매海印三昧'의 힘으로 굴러갑니다.

불교는 특히 이 선정을 닦는 수행이 많이 발달해 있습니다. 수행을 의미하는 팔리어 '바와나bhavana'는 '개간하다', '자라게 하다'라는 뜻입니다. '무언가를 자라게 한다'는 말입니다. 이 '성장하게 하는' 씨앗을 소중하게 간직해야 합니다. 우리는 이미 이 씨앗을 충분히 가지고 있고, 이 힘은 고요히 관조함으로써 알 수 있습니다. 불보살님들이 중생을 보살피는 힘도 이와 같이 중생들을 살펴보는 힘인데, 마음이 움직여도 고요함을 여의지 않고 움직입니다. 그러니 아무리 마음을 써도 피곤하거나 싫은 생각이 없습니다. 세세생생 해도 지치지 않습니다. 특히 이런 보살의 원願은 『화엄경』「보현행원품」에 잘 나타나 있습니다.

어디선가 읽은 대화입니다.
"인간의 무슨 힘이 장미를 키울 수 있나요?"

"흙을 준비하십시오. 그러면 장미는 자랄 것입니다. 장미 안에 있는 힘에 의해 장미는 만들어집니다."

큰 바다가 있습니다. 그 바다에는 하늘의 모든 것이 비춰집니다. 마치 거울에 상이 보이고 종이에 도장을 찍듯이 말입니다. 아무 장애나 거부 없이 그대로 비춰짐을 바다에 비유했는데, 이 바다는 어떤 바다냐 하면 부처님의 큰 깨달음의 바다입니다.

부처님은 정각을 이뤄 모든 번뇌 망상이 끊어진 '구경열반락究竟涅槃樂'을 성취하셨습니다. 이 대각해大覺海에 나타난 일체의 법을 '해인海印'이라고 합니다. 거울은 비춰주는 것이 힘이듯이, 삼매는 흔들림 없는 지혜의 바다에 비친 세간의 모든 것이 세력이 됩니다.

'대방광불화엄경 ~ 해인삼매세력고'는『화엄경』「약찬게」의 귀경송歸敬頌과
설경인연력說經因緣力 부분입니다.

①『대방광불화엄경』을 용수보살께서 요약해 편찬한 것이『화엄경』「약찬
  게」입니다.
②화장세계의 주인이신 청정법신 비로자나불 · 원만보신 노사나불 · 천백억
  화신 석가모니불 등 삼세여래, 그리고 시방의 모든 성현들께 귀의합니다.
③근본화엄의 수레바퀴는 해인삼매의 힘에 의지하여 굴려집니다.

다섯 번째 강설
신들이 구름처럼 모여

●
●
●

보현보살제대중 普賢菩薩諸大衆
집금강신신중신 執金剛神身衆神
족행신중도량신 足行神衆道場神
주성신중주지신 主城神衆主地神
주산신중주림신 主山神衆主林神

『화엄경』「약찬게」의 첫 부분인 "대방광불화엄경 ~ 해인삼매세력고"
는 제목과 지은이를 명시한 후, 불보살님전에 예경을 드리고 나서 『화엄
경』을 설하게 된 인연이 해인삼매에 의거한다는 것을 밝히고 있습니다.

이후 "보현보살제대중 ~ 기수무량불가설" 부분에서는 보현보살을 위
시한 모든 보살대중과 39류의 화엄성중을 열거하고 있습니다. 이들이 곧

세주라 불리는 분들이니 그 대표되는 세주의 이름이 나오고, 각 회의 설주說主보살도 언급되고 있습니다.

그리고 「입법계품」의 근본법회根本法會(부처님께서 삼매에 드신 후 설법하시는 내용)에 모인 대중과 지말법회枝末法會(선재동자가 차례대로 선지식을 친견하며 법을 듣는 내용)의 문수보살 설법처인 복성 동방 서다림에 모인 대중들도 보이며, 선재동자의 선지식들도 운집 대중으로 언급되어 있습니다.

지금부터 4회에 걸쳐 『화엄경』 법회의 운집 대중에 대해 설명드리겠습니다.

◉ 보현보살제대중 普賢菩薩諸大衆

'보현보살普賢菩薩'은 '사만타바드라Samantabhadra' 또는 '비슈바바드라Visvabhadra'여서 삼만다발날라三曼多跋捺羅 또는 필수발타邲輸跋陀라고 음역하였습니다. 사만타samanta는 '끊어지지 않는다'란 뜻이고, 바드라bhadra는 '좋은', '어진'이란 뜻이기에, '넓게 뛰어남', '보편적인 수승殊勝' 등 어진 길이 끊임없이 이어진다는 의미로 '보현普賢'이나 '변길遍吉'로 번역합니다. 『대일경소大日經疏』에서는 "보普란 편일체처編一切處의 뜻이고, 현賢은 최묘선最妙善의 의미"라고 설명하기도 합니다.

〈보현보살〉

　보현보살은 문수보살文殊菩薩과 함께 석가모니불의 좌우 협시보살입니다. 문수보살이 부처님의 지혜와 덕을 상징하고, 보현보살은 보살행菩薩行이 주가 됩니다.

　보현보살은 여섯 개의 이빨을 가진 코끼리를 탑니다. 이 여섯 개의 이빨은 육바라밀六波羅蜜(布施 · 持戒 · 忍辱 · 精進 · 禪定 · 般若)을 뜻합니다. 보현보살은 오른손에는 여의주를 들고 있고, 왼손에는 여원인與願印(중생에게 사랑을 베풀고 중생이 원하는 바를 달성하게 해주는 수인)을 맺고 있으며, 연꽃에 앉아 있을 때에는 왼손에는 연꽃을 들고, 오른손에는 지혜의 칼을 들기도 합니다. 보현보살은 홀로 다니지 않고 여러 보살의 장엄을 받습니다. 보덕 · 보광 · 보보 · 보음 · 보계 · 보각 · 보청 · 보명 · 해월 · 운음 · 공덕 · 자재 · 선용 · 운일 · 정진 · 향염 · 대명 · 대복 등 미진수微塵數(헤아릴 수 없이 많음) 보살을 거느리고 부처님의 일을 이룹니다. 이 보살들은 부처님의 공덕을 구족具足하기 때문에 공경을 받습니다. 또 중생들의 근기를 알아 알맞은 방편方便을 써서 바른 불법의 바다에 들게 합니다.

🌑 집금강신신중신 執金剛神身衆神

금강신金剛神은 절에 들어가는 입구의 좌우에서 불법을 수호하는 신입니다. 금강저를 손에 들거나, 다른 무기를 가진 형상을 하고 있습니다.

여기에 인연설화를 하나 소개합니다.

옛날에 용군勇群이라는 전륜성왕에게 1,002명의 왕자가 있었습니다. 그 중에 천 명의 왕자가 성불하였습니다. 남은 두 왕자 이름은 법의法意와 법념法念으로, 법의는 천불의 법을 수호할 것을 서원하며 금강역사金剛力士가 되었습니다. 그리고 법념은 범천왕梵天王이 되어 이 부처님들께 중생을 위한 설법을 해주실 것을 청원하는 원을 세웠습니다. 그래서 일반적으로 금강역사는 절 입구의 양쪽에 각각 한 분씩 조성됩니다.

〈금강역사〉

『화엄경』에는 10바라밀을 행하는 집금강신 열 분이 나옵니다. 이 분들이 모두 대해탈을 성취하여 무량한 방편으로 중생을 이롭게 하는 원을 세우고 있습니다. 신중신身衆神은 법인法忍을 성취하여 생사 가운데서 중생을 마음대로 이익하게 하는 신입니다.

묘색나라연집금강신 妙色那羅延執金剛神	대력大力, 큰 힘을 말합니다. 보시바라밀
일륜속질당집금강신 日輪速疾幢執金剛神	태양과 같은 빛으로 중생의 미혹을 없애줍니다. 지계바라밀
수미화광집금강신 須彌華光執金剛神	인욕의 힘이 높고 거룩하여 크기가 수미산과 같습니다. 인욕바라밀
청정운음집금강신 淸淨雲音執金剛神	세간에 물들지 않아 청정하고, 설법에 근념합니다. 정진바라밀
제근미묘집금강신 諸根微妙執金剛神	심신의 감각에 자재하므로 제근미묘합니다. 선정바라밀
가애락광명집금강신 可愛樂光明執金剛神	일체를 사랑하고 즐겁게 하는 지혜의 해탈을 얻습니다. 지혜바라밀
대수뢰음집금강신 大樹雷音執金剛神	나무의 수음이 대지를 평온하게 감싸듯 요익중생합니다. 방편바라밀
사자왕광명집금강신 獅子王光明執金剛神	지혜로 자재한 사자왕같이 외도를 물리칩니다. 원바라밀
밀염승목집금강신 密焰勝目執金剛神	법력에 자재하여 삿된 마구니를 파합니다. 역바라밀
연화광마니계집금강신 蓮華光摩尼髻執金剛神	세간에 나서도 물들지 않음으로 '마니'라 합니다. 지바라밀

◉ 족행신중도량신 足行神衆道場神

족행신足行神은 발이 여러 개이거나 아예 발이 드러나지 않은 무족無
足으로도 돌아다니기를 좋아합니다.

도량신道場神은 도량을 수호하는 신입니다.

옛날에 송광사에 한 노스님이 계셨는데, 시간만 나면 도량에 비질을
하고 청소를 하셨는데. 어느 날 도량신이 나타나 감사의 인사를 했다고
합니다.

◉ 주성신중주지신 主城神衆主地神

주성신主城神은 성을 지키는 신입니다.

주지신主地神은 땅을 지키는 토지신입니다.

신중의 명호를 자세히 살펴보면 모든 만물에는 각각 주재하는 신이
있다는 것을 알 수 있습니다. 모든 만물은 신령스러운 기운이 감싸고 있
습니다.

모든 천지 만물에는 그 주인이 있습니다. 이 힘이 세상을 존재하게 합니다. 범위에 따라 크고 작은 힘들이 작용합니다. 좋은 터는 분명히 좋고, 사람이 많이 죽은 곳은 왠지 무섭고 유쾌하지 않습니다.

옛 사람들은 조금이라도 먹을 것이 있으면 먼저 한 조각을 떼어내서 "고시레!"했습니다. 이는 동이족의 전설의 신인 고신씨高辛氏를 가리키는 단어인데, 고신씨는 예로부터 악기와 음악 문화의 군주로 알려져 있습니다. 우리의 조상신인 고신씨를 기리기 위한 풍습에서 '고수레' 혹은 '고시레'라는 단어가 유래했다는 설이 있습니다. 우리 민족은 이런 정서가 강했습니다. 이것은 미신이라고 얕보면 안 됩니다. 중요한 모임에 화장하고 옷을 잘 차려서 입고 잘 보이려 하는 마음처럼, 세상을 사는 겸손하고 정성어린 마음의 표현이기 때문입니다.

바위나 나무, 물 할 것 없이 모든 사물에는 그것을 자기 몸으로 삼는 무엇이 있습니다. 특히 중음신中陰身들은 무엇이든지 부딪치는 대로 자신의 몸으로 집착합니다. 심지어 풀잎까지도 중음신이 꽉 차있습니다. 이것을 가볍게 생각하고 해를 끼치면 자신이 그 해로운 기운을 돌려받게 됩니다.

● 주산신중주림신 主山神衆主林神

산에는 산신이 있습니다. 절에 산신각을 모셔놓는 것은 불법과 크게 상관은 없지만 중생들은 그런 토속신앙도 가볍게 여겨서는 안 되기 때문에 방편으로 산신을 수용해 놓습니다.

그리고 나무나 숲에는 또 그 주인이 있습니다. 특히 오래된 나무는 더욱 그렇습니다. 그래서 고목을 방에 들여놓거나 침상으로 쓰는 것은 좋지 않다고 합니다. 기운이 신선하지 않기 때문입니다.

불교적인 삶의 방식이 어떻게 유용한지를 보여주는 하나의 예인데, 태국의 스님들이 벌목꾼들로부터 숲을 지켜낸 일화입니다. 열대 자연림을 베기 위해 벌목꾼들이 숲에 몰려들자, 어떻게 하면 숲을 지켜낼 것인가 의논한 끝에 사람에게 하듯 나무들에게 '오계五戒'를 주기로 했습니다. 그리고 벌목꾼들에게 '이 나무는 오계를 받았기 때문에 부처님 제자와 다름없다'고 했습니다. 그들도 불자인지라 그 말을 듣고 벌목을 포기했다고 합니다.

계룡산 갑사의 귀목鬼木에 내려오는 이야기가 있습니다.

옛날 법당에는 등잔에 불을 밝혀 밤새 켜놓았습니다. 갑사 법당에도 이런 장명등長明燈이 있었는데, 언제부턴지 새벽예불에 나가보면 불이 꺼져 있고 등잔기름은 하나도 남아있지 않았습니다.

이에 하루는 절의 사미승이 법당에 숨어 지켜보았습니다. 밤이 깊은 시각, 구척이나 되는 거한이 등잔을 내려 기름을 발에 바르고 나가지 않겠습니까? 사미승이 거한의 뒤를 밟아보니, 그 거한은 절 아래의 큰 기목奇木 앞에서 사라졌습니다.

사미승이 노스님께 이 사실을 알렸습니다. 노스님과 사미승이 도착할 즈음 그 나무에는 난데없이 불길이 일고 있었습니다. 노스님은 사람들을 급히 불러 불을 껐습니다. 그때부터 해마다 정월이면 갑사 스님들과 마을 주민들이 정성을 모아 목신제를 지내왔다고 합니다.

동물 중에는 호랑이를 산신의 변형으로 봅니다. 예로부터 호랑이를 신령스럽게 생각했습니다. 산신이 호랑이를 타고 다닌다고 합니다. 그리고 때로는 호랑이가 산신 그 자체의 역할을 하기도 합니다. 산이 많은 우리나라는 호랑이와 연관된 전설이 많이 있습니다.

불법에서는 우주만물이 부처님 세계 아님이 없습니다. 사물을 지배하겠다는 생각은 인간의 만용에 지나지 않습니다. 탐욕을 줄이고 자연과 더불어 사는 지혜가 필요합니다. 이것이 『화엄경』 「약찬게」를 배우는 의미일 것입니다.

여섯 번째 강설

버릴 것 하나 없다

주약신중주가신 主藥神衆主稼神
주하신중주해신 主河神衆主海神
주수신중주화신 主水神衆主火神
주풍신중주공신 主風神衆主空神
주방신중주야신 主方神衆主夜神
주주신중아수라 主晝神衆阿修羅
가루라왕긴나라 迦樓羅王緊那羅
마후라가야차왕 摩睺羅伽夜叉王
제대용왕구반다 諸大龍王鳩槃茶
건달바왕월천자 乾達婆王月天子

기도는 자꾸 반복해서 해야 힘이 붙습니다. 작아도 여러 번 두드리면 크게 한 번 두드린 것과 차이가 없습니다. 우리는 필요 이상으로 마음만 크게 먹고 실제 거기에 따르는 행동은 하지 않는 습성이 있습니다.

기자부립 과자부행 跂者不立 跨者不行
발돋움하는 자는 오래 서 있지 못하고
큰 걸음으로 급히 걷는 사람은 멀리 걸어가지 못 한다

— 노자 『도덕경』 제24장

발돋움은 까치발을 하는 거니까 오래 서 있기 어렵습니다. 또 걸을 때에도 그냥 평범하게 걸어도 되는 것을 빨리 가고 싶은 마음에 서두를 수도 있습니다. 이렇게 정상적으로 편하게 하지 않고 유별난 행동을 하면 오래 지속하기 어렵습니다.

저는 90년대 중반에 히말라야 에베레스트 방면으로 트레킹을 하여 5,000m 높이의 고지까지 가봤습니다. 그곳에는 '갈 지之' 자 모양으로 만들어진 길이 있습니다. 실제 트레킹을 해보면 급한 마음에 빨리 가고 싶어서 길을 무찔러 갈 때가 있습니다. 그렇지만 조금이라도 급히 서두르면 숨이 차고 몸을 가눌 수 없게 됩니다. 아무리 느려도 제대로 멀리 가려면 둘러둘러 가야 합니다. 이것이 '덕德'의 이치입니다. 천천히, 평소에 아무도 알아주지 않지만, 나를 보고, 나를 말하고, 나를 들으면서 살아가야 합니다.

🌀 주약신중주가신 主藥神衆主稼神

약藥은 즐거움을 주는 풀입니다. 병이 사라지면 누구나 즐겁습니다. 옛날의 치료 방법은 약초뿐이었습니다. 불법에서는 한 생각 바로 돌려 마음을 바르게 하면 업이 소멸되어 병이 사라진다고 봅니다. 병은 업에서부터 생겨나기 때문입니다. 불보살님 중에도 약사부처님은 중생을 약으로써 구제합니다.

가稼는 곡식을 말합니다. 주가신主稼神은 곡식을 주재하는 신입니다.

옛날에는 '공公'에 봉해지면 비로소 '사직社稷과 종묘宗廟'를 세울 권리가 생겼습니다. "사람은 땅이 없으면 생존할 수 없고, 곡식이 없으면 먹을 것이 없다"라고 했듯이, 토지와 오곡을 가진다는 것은 통치권을 행사한다는 의미였습니다. 옛 왕조의 통치자들은 '사단社壇'을 세워 토신에게 제사를 지내고, '직단稷壇'을 세워 곡신에게 제사를 지냈습니다. 전쟁에서 상대의 종묘와 사직을 우선적으로 궤멸했던 것도 이것이 한 왕조의 시말始末을 상징하기 때문입니다. 배치는 왕궁을 중심으로 왼쪽은 종묘, 오른쪽은 사직이 됩니다.

"병과 약은 서로를 다스린다[病藥相治]"(『벽암록』87칙)라는 말처럼 누구나 병이 있으면 병에 맞게 약을 먹어야 합니다. 또 "대지의 모든 것이 약 아닌 것이 없다[盡大地是藥]"라는 말도 있습니다.

'대지'의 모든 것이 각자 쓰임새가 있습니다. 그래서 잘 먹으면 다 약입니다.

우리가 먹는 나물이랄지 풀 종류는 먹어도 탈이 없는지 누군가의 체험으로 얻어진 지혜입니다. 그런데 그 시초가 신농씨神農氏(중국 삼황三皇 중 하나임)입니다. 그는 모든 풀을 직접 맛보면서 식용 여부를 가렸습니다. 수없이 죽을 고비를 넘기면서 해독이 되는 풀을 찾기도 했고, 쟁기를 만들어 곡식 재배법을 알아냈습니다. 신농씨는 몸은 사람인데 머리는 황소였다고 합니다.

🌸 주하신중주해신 主河神衆主海神

주하신主河神은 강의 신입니다. 우물, 하천, 강, 바다 할 것 없이 모든 곳에는 각각 주재하는 신이 있습니다. 시골에서는 오랜 세월 마르지 않는 우물을 신령스럽게 생각하여 정초에 고사를 지내기도 합니다. 물은 농경 사회를 거치면서 그 소중함이 굉장히 커졌습니다.

주해신主海神은 바다의 신입니다. 바닷물은 짜서 마시지는 못하지만 어패류를 만들어 주고, 무엇보다 자연을 정화하는 역할을 합니다. 바다가 없으면 그 많은 생활하수나 오염물을 어떻게 되돌릴 수 있겠습니까? 바다의 광대하고 무변한 힘이 자연을 생장시켜줍니다.

동서양을 막론하고 이런 절대적인 자연은 그 자체로 신적인 존재로 여겨져 숭배되었습니다.

● 주수신중주화신 主水神衆主火神

주수신主水神은 물의 신입니다. 물은 생명의 근원입니다. 우주행성에 생명체가 존재하는가 여부는 그 행성에 물이 있는가 없는가에 달려 있습니다. 물이 있어야 생명체가 살 수 있습니다.

모든 종교의식에는 공통적으로 물이 따릅니다. 절에서 49재를 지낼 때에도 관욕을 합니다. 영가가 생전에 지은 업식業識을 씻어주기 위함입니다. 가장 뛰어난 물은 감로수甘露水(법계에 계시는 부처님께서 관세음보살의 몸으로 이 세상으로 오신 후, 인간세계에 주신 고귀한 생명의 물)입니다.

주화신主火神은 불을 주재하는 신이고, 불은 에너지입니다. 불에서 뜨거운 기운이 생기면 어떤 전류의 흐름이 생깁니다. 또한 불은 흔적도 없이 태워버리기 때문에 소멸과 영원의 상반된 의미가 있습니다.

● 주풍신중주공신 主風神衆主空神

　주풍신主風神은 바람을 주재하는 신입니다. 기압의 차이가 생기면 바람이 일어납니다. 이 풍風이라는 글자는 참 묘한 매력이 있습니다. 천지의 기운은 이 바람을 따라 바뀝니다. 고정되지 않습니다. 사람이 사는 행태를 풍속風俗이라 합니다. 개인과 집단은 상호간에 서로 영향을 주고받으며 어떤 틀을 만들어 가고, 생물처럼 끊임없이 변합니다.

　주공신主空神은 다른 말로 허공신입니다. 허공은 텅 비어 아무 것도 없을 것 같은데, 거기에도 주재하는 신이 있습니다. 만물이 생장하는 것은 빈 공간 때문입니다. 우주의 행성들이 자전과 공전을 하며 움직이는 것은 우주의 빈 공간 때문에 가능하고, 이 운동이 만물을 생장시킵니다. 꽉 차 있으면 움직일 수 없습니다.

　존재의 가장 본질적인 요소는 바로 '비어 있음'입니다. 사람 마음도 적당히 비어 있고 여유가 있어야 편안합니다. 집착하거나 욕심이 가득하면 바른 도리를 행하기 어렵다고 봅니다.

　장자는 '낙출허樂出虛', 즉 '즐거움은 마음을 비우는 데서 온다'고 했습니다.

　『천자문』에도 '허당습청虛堂習聽'이라 하여 '빈 대청에서는 소리가 잘 울린다'라는 말이 있습니다. 생각을 비우고 맑게 하면 더 잘 알게 되어 있습니다. 빈 대청에서는 소리가 여러 겹으로 울려 메아리치기 때문에 더 잘 들립니다. 방이나 사무실 같은 공간에 집기를 들여 놓지 않을 때 목소리가 울리는 것을 느껴 보셨을 것입니다. 허당습청은 바로 이것을 말합니다. 또한 빈 대청에서 말하면 아무도 듣는 것 같지 않지만, 빈 것은 울림통처럼 소리가 퍼져나가 모든 곳에 울림이 전해진다는 뜻을 담고 있습니다.

기도를 할 때나 수행을 해나가는 데 있어서 마음을 소박하게 하고 자꾸 비워 나가면 천지만물은 감응합니다. 가피가 이뤄지는데, 이런 믿음을 잃지 말아야 합니다. 비우십시오. 그러면 더 멀리 울리게 됩니다. 뭔가 채워져 있으면 그 자체가 소리를 먹기 때문에 파장의 방해로 소리가 울리지 않습니다. 공명이 되지 않습니다.

주의할 것은 배고프면 식욕이 생기듯이 마음을 비웠다고 생각하는 순간 더 강렬한 욕구와 번뇌가 슬그머니 자리 잡고 앉을 수 있다는 점입니다. 건강을 위해 단식을 하였는데 그동안 억눌렸던 식욕이 오히려 몸을 해치는 사례를 주위에서 많이 보았을 것입니다.

● 주방신중주야신 主方神衆主夜神

주방신主方神은 방향을 주재하는 신입니다. 모든 의식은 우선 방향을 정하고 나서 이뤄집니다. 이슬람은 북쪽 방향, 그리스도교는 동쪽 방향, 힌두교는 중앙을 따르고, 불교는 특정한 방향을 두지 않지만 아미타불이 계시는 극락세계를 서쪽 방향으로 둡니다.

사주명리四柱命理에서는 모든 것을 방위로 전환시킵니다. 동 · 남 · 중앙 · 서 · 북은 오행으로 목 · 화 · 토 · 금 · 수가 대치됩니다. 민속신앙에서는 정월초하루에 남동풍이 불면 가을 장마가 오고, 곤방풍坤方風이 불면 풍년, 동풍이 불면 흉년이 든다고 봅니다. 또 동지에 서풍이 불면 가을장마, 곤방풍은 여름 가뭄으로 예견했습니다. 곤방풍은 남쪽과 서쪽의 가운데에서 불어오는 바람입니다.

주야신主夜神은 밤을 주재하는 신입니다. 만물은 음과 양의 기운이 번갈아 작용함으로써 생장합니다. 우리가 밤에 휴식을 취하고 낮에 활동하는 것과 마찬가지입니다.

이처럼 신은 고유한 역할이 있습니다.

● 주주신중아수라 主晝神衆阿修羅

주주신主晝神은 낮을 관장합니다.

아수라阿修羅는 8부신중의 하나입니다. 불법을 수호하는 신입니다. 돈황에도 있고, 옛 벽화나 석굴의 부처님을 모신 주위에 수호신으로 많이 조성되었습니다.

● 가루라왕긴나라 迦樓羅王緊那羅

가루라迦樓羅(Garuda, 가루다)는 인도 신화에 나오는 금시조金翅鳥로, 8부중의 하나입니다. 새 중의 왕으로 용을 잡아먹습니다.

가루라는 가섭파선迦葉波仙과 비나타Vinata 사이에서 태어났는데, 어머니인 비나타가 용의 어머니인 카드루Kadru와 사이가 나빴기 때문에 용과 사이가 좋지 않습니다. 부모간의 감정이 자손들에게도 물려졌다는 게 흥미롭습니다. 예전에 여행을 하면서 인도네시아 국적 항공기를 탔는데 '가루라' 항공이었습니다. 비행기 안에 앉아 가루라 뱃속이라는 즐거운 상상을 했던 적이 있습니다.

힌두교 신 중의 하나인 가루라는 조류의 왕으로 불리는 전설상의 큰 새입니다. 가루라迦樓羅로 음역하며 금시조金翅鳥 · 묘시조妙翅鳥라고도 합니다.

가루라는 용의 노예가 된 어미새 비나타를 구하기 위하여 불사不死의 음료인 암리타amrita(甘露)를 신들에게서 빼앗아 용에게 갖다 바칩니다. 그러나 뒤에 인드라신과 밀약을 맺고 암리타를 용에게서 되찾아 오는 한편 그 이후로 용을 상식常食합니다.

또한 비슈누신과 주종관계를 맺고 비슈누를 태우고 다닙니다. 대승경전 등에 천룡팔부중天龍八部衆의 하나로 자주 인용됩니다.

밀교에서는 대범천大梵天 · 대자재천大自在天 등이 중생을 구제하기 위하여 새로 화현化現한 것이라 하고 문수보살의 화신이라고도 합니다.

비슈누는 힌두교에서 세계의 질서를 유지하며 '확장시키고 모든 곳에 스며들어 간다' 는 뜻처럼 보호의 성격을 가진 신이기도 합니다.

그는 주로 네 개의 팔을 가지고 있는 모습으로 그려집니다. 그 중 두 손에는 창을, 나머지 한 손에는 번개를 그리고 나머지 손은 빈 채로입니다. 그러나 다른 곳에서는 오직 두 개의 팔만 가진 모습으로 나타나기도 합니다.

또한 그는 온몸에 천 개의 눈을 가지고 있어 우주의 모든 일을 상세히 파악하고 있으며, 소마를 즐겨 마시면서 우유의 바다를 저었을 때 나온 코끼리 아이라바타 Airavata를 타고 다닌다고 합니다.

비슈누를 태우고 다니는 가루라를 낳은 디티는 자기 아이들을 죽인 인드라 신에게 복수를 하고 싶었습니다.

그래서 남편 카샤파에게 인드라를 죽일 수 있는 방법을 물었더니, 카샤파는 이렇게 말했다.

"그 길은 하나밖에 없다. 아이를 가진 뒤 백 년 동안 몸과 마음을 깨끗이 하면 그 아이가 태어나서 인드라를 죽일 것이다."

그래서 디티는 아이를 가진 뒤 백 년에 걸쳐 매일같이 의식을 치르듯 재계를 하였습니다. 아흔 아홉 해를 무사히 보낸 어느 날 밤, 디티는 그만 깜박 잊고 발을 씻지 않은 채 잠이 들고 말았습니다.

한 순간도 놓치지 않고 디티를 지켜보고 있던 인드라는 찰나 간에 번갯불을 보내 디티의 뱃속에 잠자고 있는 무서운 아이를 죽여 버렸습니다.

- 인도 신화

긴나라緊那羅도 8부중의 하나입니다. 설산에 살며 미묘한 음성으로 노래하고 춤추며, 하늘과 보살, 중생에 이르기까지 음악으로 감동을 줍니다.

긴나라 또한 새의 형상으로 표현됩니다. 불교에서는 제석천이나 비사문천의 악사로서 건달바와 함께 음악을 담당합니다. 석굴암, 선림원지 3층 석탑 등에 조각되어 있습니다.

그런데 특이한 것은 이 신들이 즐거움을 주기 때문에 불보살님들이 중생에게 기쁨을 주는 것과 구분이 잘 안 되어 '의신擬神'으로도 불렸습니다.

◉ 마후라가야차왕 摩喉羅伽夜叉王

마후라가摩喉羅伽는 뱀을 신격화하였습니다. 8부중의 하나이며, 긴나라와 함께 음악신으로 제석천을 따릅니다. 어느 곳이건 구애 없이 다니고, 도량을 돌며 외호하는 신입니다.

야차왕夜叉王은 원래 인도 북방 산악지대에 사는 신으로, 사람을 잡아먹는 포악한 귀신이었지만 불법에 귀의하여 8부중의 하나가 됩니다. 북방을 수호하고 재물도 관장합니다. 사람과 비슷하게 표현되고 남자, 여자로 구분하여 그려질 정도입니다. 야차왕은 비사문천왕의 부하로서, 수미산 북쪽을 주처로 삼습니다.

◉ 제대용왕구반다 諸大龍王鳩槃茶

용은 종류도 많고 역할도 많습니다. 비와 바람을 일으킵니다. 뱀에서 발전되었고, 물이 있는 곳은 어디나 용에 대한 설화가 존재합니다. 농경 사회에서 비와 구름은 없어서는 안 되기 때문에 용은 각별히 추앙됩니다. 경전에 많이 등장하고, 불법을 수호하며, 천상과 인간세를 이어주는 역할도 합니다. 관세음보살은 용을 타고 다닙니다.

그리고 용이 물고 있는 여의주는 소원을 이뤄주는 신비의 구슬입니다. 사찰 조형물 어디에도 빠지지 않고 조성됩니다. 여의주는 불교미술의 중요한 상징입니다.

구반다鳩槃茶는 사람의 정기를 빨아먹는 귀신입니다. 나중에 불법에 귀의하여 수호신이 되었습니다.

⚬ 건달바왕월천자 乾達婆王月天子

건달바乾達婆는 8부중의 하나로, 법회에 나타나 긴나라와 함께 제석천의 음악을 담당합니다. 탁한 음식을 먹지 않으며, 고대 인도신화에서는 별을 주관하는 신이기도 했습니다.

8부신중은 불법을 지키는 8종의 신입니다.

천 · 용 · 야차 · 아수라 · 건달바 · 긴나라 · 가루라 · 마후라가를 말합니다.

월천자月天子는 달을 주재하는 신입니다. 달은 크기가 반복해서 변하기 때문에 날짜를 가늠하는 척도였습니다. 조수간만의 차도 달의 영향으로 생깁니다. 달은 밝으면서도 고요하기 때문에 인간의 정서에 깊게 작용합니다. 약사부처님 좌우보처가 일광, 월광보살입니다. 동서고금의 신화에도 끊임없이 등장하고, 이런 신화는 앞으로도 계속 만들어질 것입니다.

『화엄경』「약찬게」를 배우면서, 경전에 등장하는 수많은 신들이 결국 땅의 것과 다르지 않음을 아셨으리라 생각합니다. 이를 통해서 여러분들이 세상을 넓게 보고, 밝고 아름다운 부처님 마음으로 살아가는 계기가 되었으면 합니다.

여러 신에 대한 설명을 했으니 인도 신화에 나오는 태초의 신들에 대한 얘기를 덧붙입니다.

이 세상이 생겨나던 태초의 일입니다.

우주를 다스릴 적임자를 선출하기 위해 신들이 한 자리에 모였습니다. 맨 먼저 아그니데바 푸트라Agnideva Putra가 자원하고 나섰습니다. 그는 불火의 신입니다.

"내가 제일 강하지 않겠어? 우주를 다스리는 일도 당연히 내 몫이지. 한번 보여줄까?"

그가 큰 소리로 주문을 외우기 시작하자 우주 한 가운데에서 거대한 불길이 일어나 사방으로 번져나갔습니다. 그 앞에서 두려움에 떨지 않는 신은 하나도 없었습니다. 모두 손을 들어 아그니데바 푸트라를 우주의 지배자로 선출하려고 했습니다.

잠시 후 유일한 반대자가 나타났습니다. 그는 물의 신인 왈라하께데 푸트라였습니다. 그가 주문을 외우기 시작하자 엄청난 홍수가 일어났습니다. 불의 신이 일으켜 놓은 불길은 순식간에 꺼지고 말았습니다. 신들은 물의 신을 우주의 지배자로 선출하려고 했습니다.

다시 반대자가 나타났습니다. 예술과 지혜의 여신 사라다 데비 Sarada Devi였습니다.

"물과 불로 사람들을 겁주거나 죽일 수는 있겠지만, 나처럼 아름다움을 창조하지는 못하지. 내가 춤을 추기 시작하면 그대들은 물이나 불 따위는 잊어버리고 말 것이야. 이게 예술의 힘이지. 자 한 번 보라구."

사라다 데비가 춤을 추기 시작했습니다. 춤과 함께 노래도 불렀습니다. 아름답고 황홀한 분위기가 물에 풀어 놓은 물감처럼 번져나가자, 모두가 매료되었고 넋이 나갈 지경이었습니다. 누구 하나 정신을 바로 차릴 수가 없었습니다. 사라다 데비의 부드러우면서도 가공할 힘에 취해버린 신들은 그녀를 우주의 지배자로 선출하려고 했습니다.

그 때 건달바가 손을 들고 나서며 반대를 했습니다. 건달바는 천상의 음악을 관장하는 신입니다. 이 건달바는 사자관을 쓰고 삼지창을 들고 무장한 모습으로 항상 지상의 보산寶山에 있지만 때때로 겁찰전에 올라가서 하늘을 위해 음악을 연주하기도 하고, 또는 동방지국천東方持國天을 따라 동방을 수호하기도 합니다. 그가 곧 천상의 악기를 켜며 노래를 부르기 시작했습니다. 음악이 흘러나오자 모든 신들이 빠져들기 시작했습니다. 점차 음악에 실신하기 시작했고, 귀신에라도 홀린 듯 신들은 모두 그에게 손을 들어줬습니다.

더 이상 반대자가 없을 법한데 다시 유일한 반대자가 있었으니, 그는 평화와 사유와 성찰의 신인 산티데바 푸트라였습니다. 산티데바가 말했습니다.

"나는 평화의 신입니다. 늘 깊은 사유와 성찰 속에서 살아갑니다. 여러분이 나를 우주의 지배자로 선택하든 안 하든 내게는 아무 상관이 없습니다. 언제나 나는 자신을 다스리고 있습니다. 우주를 지배하기에 앞서 우리 모두 자신을 먼저 다스릴 줄 알아야 합니다. 자신을 다스리기에 앞서 우리 모두 자신의 마음을 먼저 다스릴 줄 알아야 합니다. 자신의 마음을 다스리기에 앞서 우리 모두 사유와 성찰을 먼저 실천하지 않으면 안 됩니다."

신들은 놀랐습니다. 평소에 조용하던 산티데바가 이렇게 감동적인 말을 할 수 있으리라고는 아무도 생각을 하지 못했는데, 산티데바에게는 그런 힘이 있었습니다. 아무도 자극하지 않고, 아무도 강요하지 않으면서 잔잔한 말투로 상대를 움직이게 했던 것입니다.

대상이 있는 마음을 다스리기는 한계가 있기 마련입니다. 나를 보고, 나를 말하고, 나를 듣는, 성찰의 힘은 상대의 마음에 잔잔한 영향을 일으킵니다. 그렇지만 아무런 저항도 일으키지 않으면서 말입니다.

일곱 번째 강설

두 눈을 뜨고 보라

일천자중도리천 日天子衆忉利天
야마천왕도솔천 夜摩天王兜率天
화락천왕타화천 化樂天王他化天
대범천왕광음천 大梵天王光音天
변정천왕광과천 遍淨天王廣果天
대자재왕불가설 大自在王不可說

 옛날 평화로운 한 왕국이 있었습니다. 크지 않은 나라이지만 왕과 신하들이 나라를 잘 이끌어가고 있었습니다. 어느 날 왕국에 한 손님이 찾아왔습니다. 그런데 사람이 아닌 괴물이었습니다. 괴물은 문지기가 지키고 있는 왕궁의 성문에 다가와 왕을 만나고 싶다고 했습니다.
 문지기들은 들어주지 않았습니다. 오히려 철통같이 둘러싸고 문을 지키려 들었습니다. 괴물이 다시 말했습니다.

"왕을 만나게 해주시오. 문을 안 열어주면 강제로 밀고 들어갈 것이오."

문지기들이 이번에도 들어주지 않자, 참다못한 괴물이 단숨에 문을 밀치고 들어가 왕의 접견실까지 발걸음을 옮겼습니다. 마침 그곳에서 양쪽으로 늘어서서 왕을 기다리던 대신들이 괴물을 보고 겁에 질려 소리를 지르기 시작했습니다.

"괴물아 물러가거라."

"이 추한 몰골이라니! 썩 꺼져라."

"악마로구나. 여기는 너 같은 존재가 올 곳이 아니다."

그런데 이상한 일이 벌어졌습니다. 대신들이 죄다 한마디씩 퍼붓자, 이때마다 괴물의 몸이 커지지 않겠습니까? 왕궁의 실내는 불어난 괴물의 몸집으로 차올랐고, 괴물이 내뿜는 독기도 말할 수 없이 역겨웠습니다. 대신들은 겁을 먹고 구석으로 숨기도 했습니다.

때마침 왕이 접견실로 들어섰습니다. 지혜로운 왕은 바로 사태의 본질을 이해했습니다. 무작정 거친 말로 다스려지는 상황이 아니었습니다. 자리에 앉은 왕은 느긋한 목소리로 괴물에게 말을 건넸습니다.

"그대는 누구인가? 잘 왔네."

그러자 괴물이 수그러들었습니다. 왕은 계속 부드럽게 말했습니다.

"친구, 우선 앉아서 차나 한 잔 마시도록 하세."

순간 괴물의 몸이 훨씬 더 작아지기 시작했습니다.

"내게 무슨 볼일이 있어 왔는가. 필요한 게 있으면 말해보오."

왕이 부드럽게 말을 할 때마다 괴물은 점점 작아지며 표정도 온화하게 변해갔습니다. 괴물은 이제 더 이상 흉측스럽지 않아 누구나 친구처럼 말을 걸 수 있을 만큼 친근감을 느낄 수 있게 변하는 것이었습니다.

옆에서 이 광경을 지켜보던 대신들은 모두 깨달았습니다. 두려워하는 대상, 혐오스러운 대상일지라도 친밀감을 보이면 해롭지 않다는 것, 굳이 처음부터 괴물에게 함부로 대할 필요가 없었다는 교훈입니다.

군자탄탕탕 소인장척척君子坦蕩蕩 小人長戚戚
군자는 마음이 넓고 시원하지만 소인은 늘 근심스럽다
— 『논어』「술이편述而篇」

◉ 일천자중도리천 日天子衆切利天

일천자日天子는 해의 신입니다. 선가禪家에서는 해와 달을 금까마귀[金烏], 옥토끼[玉兎]라고도 합니다.

태양계에 대해 잠깐 설명 드리겠습니다. 우주도 나이가 있습니다. 고정불변하지 않고 끊임없이 변화합니다. 우리가 속한 우주는 137억 년 전에 생겨났고, 지구의 나이는 45억 년이라고 합니다. 셀 수 없이 많은 우주의 별 중에서 현재 발견한 바로는 지구에만 생명체가 삽니다.

생명체는 산소가 있어야 호흡이 가능합니다. 지구만이 대기 중에 산소를 가지고 있습니다. 대기의 공기 입자가 태양으로부터 날아온 입자에 부딪히며 빛을 만들어 냅니다. 우주의 거의 모든 행성은 중력이 없기 때문에 빛이 없는 캄캄한 상태입니다. 공기가 이런 중요한 역할을 합니다. 생명체의 탄소동화작용을 일으키기 때문입니다.

흔히 창조론을 이야기 하는데, 우주가 생겨난 과학적 진실을 알면 함부로 그런 소리 못합니다. 우주는 누가 생겨나라고 해서 생겨나고, 만들고 싶다고 해서 만들어지는 간단한 것이 아닙니다.

세포 하나하나의 생성과 역할을 보면 이 몸 하나에도 무궁한 작동 원리가 있습니다. 인간은 좀 겸허해질 필요가 있습니다.

칠석날 불공은 치성광여래熾盛光如來께 합니다. 치성은 불꽃이 이는 모양입니다. 얼마나 정성을 들여야 불꽃이 일어날까요? 불은 나쁘고 악한 것을 태워버립니다. 그러니까 좋지 않겠습니까? 이 치성광여래는 태양과 관련이 있는 신입니다.

도리천忉利天은 제석천왕, 즉 33번째 하늘의 신입니다. 10주 10행은 신神으로, 10회향은 왕王으로, 10지는 천天으로 표현합니다. 10지 중에 제1지가 환희지歡喜地로, 도리천이 여기에 해당됩니다.

수미산 봉우리를 중심으로 4방에 각 8대왕이 있어서 4×8=32천에 가운데 제석천왕을 더해 33천이 됩니다. 저녁 예불 때 범종을 33번 칩니다. 바로 33천에 울려 퍼지면서 일체 모든 중생이 종소리를 듣고 이고득락離苦得樂(모든 축생이 삼악도에서 벗어나 고통을 버리고 기쁨을 얻어 해탈의 경지에 오르도록 함)하기를 바라는 뜻입니다. 그리고 다음의 게송을 외웁니다.

문종성 번뇌단聞鐘聲 煩惱斷
지혜장 보리생智慧長 菩提生
이지옥 출삼계離地獄 出三界
원성불 도중생願成佛 度衆生
이 종소리 듣고 번뇌 끊어지고
지혜 자라나고 보리는 생겨나서
지옥은 여의고 삼계를 벗어나
원컨대 성불하여 일체 중생 제도하여지이다

옛날에 전쟁을 하면 북을 치면서 군사의 사기를 돋우었습니다. 북은 감흥을 일으키지만, 종은 머리를 맑게 합니다. 특히 산사에서 새벽에 도량석이나 종을 치며 장엄염불을 하면 아주 아름답습니다.

⬤ 야마천왕도솔천 夜摩天王兜率天

야마천왕夜摩天王은 달리 말해 수야마천修夜摩天입니다. 시분천時分天이라고도 합니다. 이곳은 10지 가운데 제2 이구지離垢地로서, 하늘이 허공을 의지하여 여러 즐거움이 있는 것같이 더러움을 벗어난 법열을 누립니다. 또 해와 달이 없어도 스스로 비춰서 밤과 낮을 나누지 않지만, 붉은색과 흰색의 연꽃이 피고 짐으로 시간을 가늠하며 즐거움을 누립니다.

도솔천兜率天은 희족천喜足天이라고도 합니다. 뜻이 꼭 맞으므로 기쁘고喜, 만족을 알기 때문에 족足입니다. 10지 중에 제3 발광지發光地로, 보살로서는 마지막 몸을 얻는 곳입니다. 부처님께서도 사바세계에 오시기 전에 이곳에 계셨습니다.

인간에게도 만족이 가장 큰 기쁨이 됩니다. 이 여정이 끝이 없습니다. 현재 상태에서 행복할 수 있는 조건을 찾아야 합니다. 분명히 만족할 무엇이 있습니다.

'행복'이라는 말의 본래 정의는 뜻밖에도 '우연적'이라는 의미가 있습니다. 영어의 'happiness'는 'happy'에서 파생된 말로, 'happy'는 '행운'을 뜻하는 고대 노르웨이어 'hap'에서 유래했습니다. 열심히 자신이 하는 일에 집중하다보면 어느 때 문득 즐거운 기분이 들기도 합니다.

그래서 행복은 우연적인 감정인지도 모릅니다.

미국의 폴 오스터라는 작가의 글 중에 다음과 같은 이야기가 있습니다.

폴의 어머니는 자신의 머리카락에 심한 콤플렉스를 느끼고 항상 불만 족스러워 했습니다. 어느 날 집 근처를 걷고 있는데 갑자기 한 신사가 앞을 가로막더니 "머리카락이 너무나 아름답군요." 라며 감탄을 했습니다. 깜짝 놀란 어머니는 집으로 들어가서는, 그날 하루 종일 거울 앞에 앉아 있었습니다.

스스로가 모르는 장점이 분명히 있습니다. 내 안에 행복할 이유가 수북이 쌓여 있습니다.

● 화락천왕타화천 化樂天王他化天

화락천化樂天은 제4 염혜지焰慧地입니다. '화化'는 변화로 자신이 달라진다는 것이고, 락樂은 모든 것을 즐거움의 도구로 삼는다는 뜻입니다.
생각해보십시오. 이 세상에 즐거움 아닌 것이 없습니다. 그런데 어떤 사람에게는 괴로움 아닌 것이 없습니다. 세상은 하나인데 보고 느끼며 살아가는 사람에게 왜 이렇게 많은 차별이 생기는지 모르겠습니다. 이 화락化樂은 즐거움을 포기하지 않고 잘 간직하여 내 것으로 삼기 때문에 선화천善化天이라고도 합니다.

타화자재천他化自在天은 남의 즐거움을 자기의 즐거움으로 만들기 때문에 붙여진 이름입니다. 또 자기뿐만 아니라 남도 즐겁게 해주는 곳이기도 합니다. 10지 중 제5 난승지難勝地에 해당됩니다. 욕계의 맨 꼭대기로 경계를 마음대로 합니다.

제가 인상 깊게 읽었던 티베트의 한 노승에 대한 이야기를 해드리겠습니다.

1700년대 티베트의 암도 지역에 한 노승이 살고 있었습니다. 티베트 같은 추운 고지대에 적응하며 살기 위해서는 몸에 지방질이 필요하기 때문에, 고기는 물론이고 버터 같은 기름기 있는 식품을 통해 추위를 견뎌낼 영양분을 섭취해야 합니다. 이 재활용된 버터를 '쟈' 라고 부릅니다.

생존을 위한 환경적인 요소가 자연히 마음을 지배하게 마련이어서, 이 노승 또한 버터에 유난히 집착했습니다. 노승은 병들어 움직이기 힘든 상태임에도 어떻게 해서든 매일 사원으로 가서 아침 모임에 반드시 참석했습니다. 사원에서는 아침에 버터를 듬뿍 넣은 차를 마실 수 있기 때문이었습니다. 점점 노쇠해서 찻잔을 들고 다니기도 힘든 상태에 이르자 스님은 국자를 가방에 넣고 이 가방을 다시 목에 걸고 다녔고, 혼자서 걸을 수 없게 되자 젊은 스님들이 부축을 해줘서 간신히 도량을 거닐며 버터를 모았습니다. 노승의 육신이 하루가 다르게 변해 심각한 상태에 이르자, 사람들은 모두 노승이 왜 아직도 죽지 않았는지 이상하게 여길 정도였습니다.

당시에 영적으로 유명한 궁탕스님이 노승에 대한 이야기를 듣고, 한 번 만나보고 싶어 찾아갔습니다. 궁탕이 노승에게 물었습니다.

"기분은 괜찮습니까?"

"글쎄, 몸은 아프지만 차를 너무 좋아하다보니 단 하루도 아침 집회에 빠진 적이 없지."

노승은 오히려 자랑스럽게 대답했습니다. 궁탕이 다시 물었습니다.

"오, 그건 참으로 좋은 일입니다. 그런데 쟈는 많이 모았습니까?"

"그럼, 많이 모았지."

궁탕이 잠시 생각에 잠기더니 입을 엽니다.

"스님도 아시다시피 도솔천의 정토에는 우리 것보다 훨씬 좋은 버터가 많이 있습니다. 그리고 그것을 사람에게 몽땅 주기도 한다고 들었습니다. 저의 스승들이 그렇게 말씀하셨습니다."

노승이 말했습니다.

"당신이 전한 말이니 사실이겠군요."

노승이 벽장을 열자, 평생 먹어도 남을 만큼 많은 양의 쟈가 쌓여 있었습니다. 어떤 것은 썩기도 했습니다. 노승은 쟈를 대중들에게 모두 나뉘주었고, 이틀이 지난 후에 아주 평화롭게 세상을 떠났습니다. 정토에는 더 좋고 많은 버터가 있을 것이고, 죽기만 하면 그뿐이지 더 이상 버터를 모을 이유가 없어졌기 때문입니다.

더 좋은 상태에 대한 믿음이 하찮은 욕심을 이겨낸 것입니다. 이것이 행복을 자라나게 하는 비결입니다. 천상은 즐거운 곳이므로 이 땅에서 즐거움을 누리는 사람은 천상의 즐거움을 갖는 것입니다.

◉ 대범천왕광음천 大梵天王光音天

범천梵天은 인도의 브라만교에서 비슈누, 시바와 함께 3대 신으로 불립니다. 불교에서는 부처님께 귀의하여 부처님께 설법을 청하고, 설법의 자리에 항상 자리하여 법을 듣고, 제석천과 함께 불법수호를 합니다. 10지 중 제6 현전지現前地입니다.

광음천光音天은 무량광천無量光天으로, 오직 입으로 광명을 나투어 의사소통을 하는 제7 원행지遠行地입니다.

◉ 변정천왕광과천 遍淨天王廣果天

변정천遍淨天은 모든 즐거움마저도 여의어 몸과 마음이 두루 청정한 곳입니다. 제8 부동지不動地로써, 근심과 걱정이 없고 오직 선열만 있습니다.

광과천廣果天은 작은 일을 해도 결과가 크고 넓게 나타나는 곳입니다. 제9 선혜지善慧地이며, 백천아승지다라니 법문으로 중생을 제도합니다.

◉ 대자재왕불가설 大自在王不可說

대자재大自在는 마혜수라천摩醯首羅天으로, 삼계에서 가장 자재한 천입니다. 『대지도론大智度論』에서는 '3비臂, 3목目에 흰 소를 타고, 흰 불자를 들고, 한 생각 가운데 삼천대천세계에 내리는 비의 숫자를 다 헤아린다.'고 합니다. 제10 법운지法雲地입니다.

이들 신장들이 각기 백 천 권속들을 거느리므로 숫자를 헤아릴 수 없기 때문에 '불가설不可說'이라 했습니다.

우리가 신중단에 기도를 제대로 하기 위해서는 신중단의 구성을 바로 알아야 합니다. 신중은 상단 · 중단 · 하단 이렇게 3단으로 나뉩니다.

상단	대자재천왕 · 광과천왕 · 변정천왕 · 광음천왕 · 대범천왕 · 타화자재천왕 · 화락천왕 · 도솔천왕 · 야마천왕 · 도리천왕 · 일천자월천자
중단	건달바왕 · 구반다왕 · 용왕 · 야차왕 · 마후라가왕 · 긴나라왕 · 가루라왕 · 아수라왕
하단	주신 · 야신 · 방신 · 공신 · 풍신 · 화신 · 수신 · 해신 · 하신 · 가신 · 약신 · 임신 · 산신 · 지신 · 성신 · 도량신 · 족행신 · 신중신 · 집금강신

이상 39위 신중이 되고, 여기에 65위를 더해 104위 화엄신중華嚴神衆을 조성합니다. 우리 법련사 신중님이 104위입니다. 이렇게 제대로 구색을 갖춰 법도에 따라 모셔진 곳이 많지 않습니다. 다 여기 계신 분들의 복입니다. 그러니 이런 인연을 만났을 때 부지런히 닦아야 합니다.

화엄성중 104위(상단 · 중단 · 하단)

이 세상은 무상하여 잠시도 머무르지 않습니다. 나고 죽기를 반복하지만 무엇 하나 진정한 소유물이 되지 못합니다. 부처님 제자들은 수행의 기쁨을 알아야 합니다. 이 기쁨은 그냥 오지 않습니다. 자신이 자주자주 반복해야 수행의 힘이 붙습니다. 선풍기에 전원을 넣지 않거나, 바람세기를 조절하지 않으면 바람이 생겨나지 않는 것과 같습니다.

불보살님의 명호를 외우는 아주 간단한 수행부터 명상에 이르기까지 많은 수행법이 있습니다. 나에게 맞는 하나를 택하여 때때로 닦아 가면 그 즐거움은 값으로 매길 수 없습니다. 무가보無價寶입니다.

집시처럼 이곳 저곳을 떠도는 무용가가 있었습니다. 그는 앵무새 한 마리를 항상 데리고 다녔는데, 앵무새에게 노래하고 춤추도록 훈련을 시키는 것이 그의 즐거움이었습니다. 특이한 것은 어디를 가건 그는 사원에 머물기를 좋아했습니다. 사원에서는 무료로 음식과 숙소를 해결할 수 있다는 것이 좋고, 잠깐씩 법문을 듣는 것도 싫지 않았습니다. 사원에서도 그의 청을 받아들여 머물도록 해주었습니다.

한번은 그가 어떤 사원에 머물다 떠나면서 그만 앵무새를 깜박 잊어버리고 말았습니다. 다행히 앵무새는 어린 스님들의 보살핌을 받을 수 있었고, 어린 사미승들은 새의 이름을 '붓다락카타(부처님의 보호를 받는 자)' 라고 붙였습니다. 어느 날 수도원장이 지나다 앵무새를 보고 물었습니다.

"너도 수행을 하느냐?"

앵무새가 대답했습니다.

"하지 않습니다."

수도원장이 말했습니다.

"수행자와 함께 사는 자는 부주의해서는 안 된다. 너는 동물이기 때문에 많이 할 수는 없구나. 그러니 단지 '뼈, 뼈, 뼈' 라고 되풀이 하여라."

이것은 앵무새에게 몸에 대해 관찰하라며 일러준 수행이었습니다. 앵무새는 그때부터 계속해서 "뼈, 뼈, 뼈" 하고 되풀이 했습니다.

어느 날 앵무새가 대문 꼭대기에서 햇볕을 쬐고 있었는데, 큰 새가 덮치면서 앵무새를 발톱으로 움켜쥐었습니다. 앵무새가 몸부림을 치며 큰 소리로 우는 것을 들은 절의 사미승들이 막대기를 흔들고 돌멩이를 던지며 위협하자, 큰 새는 앵무새를 버리고 날아가 버렸습니다. 사미승들이 앵무새를 수도원장 스님에게 데려갔습니다. 원장이 앵무새에게 물었습니다.

"붓다락카타야, 그 새에게 잡혀갈 찰나에 너는 무슨 생각을 했느냐?"

앵무새가 말했습니다.

"해골이 해골을 가져간다는 생각밖에 들지 않았습니다. 내 뼈가 어디에 뿌려질지 모릅니다. 오직 뼈만을 생각했습니다."

수도원장은 대단히 만족스러웠습니다.

"그것은 네가 앞으로 존재의 소멸에 이르는 원인이 될 것이다."

이것은 '축생도 근기에 따라 수행이 가능함'을 말해줍니다. 위 꾸루지방의 사람들은 의식주가 풍족하여 다른 지방의 사람들보다 의식 수준이 높아 부처님의 수행에 대한 가르침을 잘 이해하였고, 인도 사회의 네 계급(카스트 제도)의 차별에도 불구하고 모든 사람들이 수행을 한 것은 물론, 동물들까지 이런 영향을 받았습니다.

사람들끼리 인사도 무슨 수행을 하는지 묻는 것이었고, "아무것도 하지 않는다"라고 하면, 그를 나무라며 수행법을 일러주었다니 놀랍습니다. 그리고 이런 수행을 잘 해나가는 사람은 이렇게 축복받았습니다.

"잘하십니다. 당신의 생애는 축복받았습니다. 인간으로서 당신의 삶

은 살 만한 가치가 있습니다. 당신과 같은 분을 위하여 부처님께서 이 세
상에 나신 것입니다."

여덟 번째 강설

행복, 빈 방에 모이는 햇살 같은 것

보현문수대보살 普賢文殊大菩薩
법혜공덕금강당 法慧功德金剛幢
금강장급금강혜 金剛藏及金剛慧
광염당급수미당 光焰幢及須彌幢
대덕성문사리자 大德聲聞舍利子
급여비구해각등 及與比丘海覺等
우바새장우바이 優婆塞長優婆夷
선재동자동남녀 善財童子童男女
기수무량불가설 基數無量不可說

불보살님을 만나고 의지하는 것은 마음을 닦기 위함입니다. 수행이란 꾸준히 반복하는 데 묘가 있습니다. 지속하면 차원의 변화가 생깁니다.

● 보현문수대보살 普賢文殊大菩薩

『화엄경』「입법계품」에는 청법 대중 가운데 5백 보살이 있고, 그 중 보현과 문수가 상수上首 보살이 됩니다. 이 두 보살을 정점으로 삼는 이유는 보현이 체體가 되고, 문수는 용用이 되기 때문입니다. 때로는 그 역할이 반대가 되기도 합니다. 상호 보완의 관계인데, 그래서 석가모니 부처님의 좌우협시보살이 문수 · 보현입니다.

석가모니부처님과 문수 · 보현보살

체體는 근본을 이루는 바탕을 말합니다. 만물은 틀이 있어야 다음에 작용이 있습니다. 용用은 쓰임새입니다. 그릇이라는 틀이 있으면 무엇이든 담아 쓸 수 있습니다. 우리의 마음도 몸이라는 틀이 있기 때문에 생각에 따라 몸을 움직여서 마음먹은 대로 활동이 가능합니다. 단순히 사람만 아니라 우주의 작용하는 원리도 마찬가지입니다. 행성이 일정한 궤도를 따라 운행하고, 생명체는 엄마의 몸 속에서 기운을 받아 자란 후에 태어납니다. 만약 무엇이 가득 차 있다면 운동을 못합니다. 공간이란 단순히 비어있는 데서 그치지 않고 만물이 생장하는 근원입니다. 이 공간은 갈무리하지 못하는 것이 없습니다. 쓰임用은 지혜를 뜻합니다. 지혜와 보살행의 원력이 광대무변합니다. 그 이유는 단 하나, 중생의 이익을 위해서입니다. 다른 경전과 달리 「보현행원품」은 불보살님전에 자신이 실천할 원력을 상세하게 발원하기 때문에 참 아름답고 감동적입니다.

'보현행원 10원력普賢行願十願力'은 다음과 같습니다.

예경제불원 禮敬諸佛願	모든 부처님께 예불하고 공경하는 원
칭찬여래원 稱讚如來願	불보살님의 공덕을 끝없이 칭송하는 원
광수공양원 廣修供養願	널리 공양의 공덕을 닦는 원
참회업장원 懺悔業障願	자신의 업장을 참회하는 원
수희공덕원 隨喜功德願	불보살님의 공덕을 기쁘게 따르는 원
청전법륜원 請轉法輪願	부처님이 법륜을 굴리시기를 청하는 원
청불주세원 請佛住世願	부처님이 세상에 오래 머물기를 바라는 원
상수불학원 常修佛學願	불법을 항상 따라 배우는 원
항순중생원 恒順衆生願	중생이 바라는 바를 기꺼이 수순하는 원
보개회향원 普皆回向願	모든 공덕을 중생에게 회향하는 원

문수보살에 대한 이야기입니다.

인도의 위대한 논리학자인 디그나가(陳那, Dignāga, 400~480)는 한때 논리에 관한 책을 쓸 생각을 하고, 우선 동굴에서 명상에 몰두했습니다. 얼마 후 대강의 내용이 머릿속에 정리되어 책의 첫 장에 해당되는 내용을 써놓았습니다.

그런데 그가 동굴을 잠깐 비운 사이에 그를 시기하는 적 하나가 몰래 들어와 써놓은 것을 지워버렸습니다. 이런 일이 두세 차례 계속 되자, 디그나가는 적에게 보내는 메시지를 동굴 한 쪽에 남겼습니다.

"이것은 소용없는 일이다. 나를 이기고 싶으면 정당하게 논리 대결을 하자."

이윽고 적이 왔습니다. 토론 끝에 디그나가에게 패한 적은 분을 참을 수 없어 마술로 불을 뿜어 동굴 속을 모두 태워버렸습니다. 디그나가는 몹시 낙담했습니다.

"이런 일이 있다니 별 수 없구나. 이제 이 석판을 하늘로 던져야겠다. 만약 떨어진다면 나는 남을 위해 일하기를 포기하겠다."

그가 석판을 하늘 높이 던졌습니다. 그런데 아무리 기다려도 떨어지질 않아서 위를 올려다보니 문수보살이 하늘에서 석판을 쥐고 계시다 그에게 말씀하셨습니다.

"내 영혼의 아들아, 그대는 참으로 큰 잘못을 저지를 뻔했구나."

문수보살로부터 격려를 받은 그는 다시 보리심을 일으켜 『프라마나 삼우짜야集量論』, 즉 '바른 논리의 요약'을 무사히 마쳤습니다.

앞에서 보현행원을 말씀드렸지만, 중생을 위한 길은 멀고 험합니다. 그럴수록 이와 같은 경전의 이야기를 생각하며 퇴굴심을 내지 말고 보살행을 꾸준히 해야 합니다.

🔵 법혜공덕금강당 法慧功德金剛幢

법혜보살法慧菩薩은 법의 공덕을 지혜로 분간하여 중생들로 하여금 올바름과 삿됨을 구분하게 합니다. 법과 지혜의 공덕을 가지고 있어서 보살 이름도 '법혜공덕法慧功德' 입니다.

금강당보살金剛幢菩薩은 진리의 깃발을 들고 불법을 드날리는 보살입니다. 그래서 '깃발 당幢' 을 붙입니다. 관청이나 전쟁터에서 깃발은 중요한 표식이 됩니다. 옛날에는 깃발의 색이나 크기로 구분을 하고, 또 글자를 써 넣어 사람들이 알아보게 했습니다. 티베트나 히말라야에 가보면 천에 경전을 인쇄해 나부끼게 만들어 놓았습니다. 바람이 말이 없는 듯하지만, 깃발을 흔들면 거기에서 무한한 설법이 쏟아지게 됩니다.

금강장급금강혜 金剛藏及金剛慧

금강장金剛藏은 성난 모습으로 그려집니다. 금강저를 들고 마구니의 조복을 받으며 중생을 일깨워 줍니다. 티베트에서는 의식 때에 항상 금강저를 손에 들고 임합니다.

금강金剛은 깨어지지 않는 아주 강한 무엇입니다. 물질 중에서는 다이아몬드 강도가 가장 강합니다. 그래서 불퇴전의 굳센 지혜를 금강에 비유합니다. 그렇지만 다이아몬드를 세공할 때 분사기에서 극히 가늘고 센 물을 분사해서 절단을 하고 다듬습니다. 이처럼 강함과 약함이 어우러지는 세계는 말로 다할 수가 없습니다.

금강혜보살金剛慧菩薩은 실상의 이치를 깨달아 모든 상을 깨트리는 지혜를 가진 보살입니다.

● 광염당급수미당 光焰幢及須彌幢

광염당보살光焰幢菩薩은 부처님의 위신력을 타오르는 불꽃처럼 빛나게 하여, 그 빛을 보면 마음의 바르고 삿됨을 알게 됩니다.

수미당보살須彌幢菩薩은 수미산처럼 높이 솟은 법의 깃발로 부처님의 원력을 실현합니다.

〈보현 10당幢 보살〉

① 광염당보살光焰幢菩薩

② 수미당보살須彌幢菩薩

③ 보당보살寶幢菩薩

④ 무애당보살無礙幢菩薩

⑤ 화당보살華幢菩薩

⑥ 이구당보살離垢幢菩薩

⑦ 일당보살日幢菩薩

⑧ 묘당보살妙幢菩薩

⑨ 이진당보살離塵幢菩薩

⑩ 보광당보살普光幢菩薩

● 대덕성문사리자 大德聲聞舍利子

대덕大德은 산스크리트어 '바단다bhadanta'로서, 덕 높은 행을 하는 비구 가운데 장로를 말합니다. 중국이나 우리나라에서도 오랜 세월에 걸쳐 불렸던 고승의 일반적 칭호입니다.

성문聲聞은 부처님의 법문을 듣고 인연법을 깨달아 윤회의 고통을 벗어난 경지로, 아라한과阿羅漢果를 증득해야 합니다.

부처님의 성문제자 가운데 사리자舍利子, Sāriputra가 대표적입니다. 사리자는 마가다국 왕사성의 부잣집에 태어났습니다. 어려서부터 지혜가 총명하여 가르치면 모르는 게 없었습니다. 나중에 '마승비구'의 "모든 것은 인연에 의해 생겨나고, 인연에 의해 소멸된다"라는 법문을 듣고 같이 따르던 사람들과 함께 부처님께 귀의하여 지혜제일智慧第一 사리불舍利弗 존자가 되었습니다.

◉ 급여비구해각등 及與比丘海覺等

비구bhikkhu는 '출가 수행하는 남자'를 뜻합니다. '걸식乞食하는 자'의 의미도 있습니다. 비구는 발우 하나와 가사 한 벌로 지냅니다. 아무 것도 소유하지 않습니다. 이 걸식은 본인의 탐욕을 경계하는 외에도 남에게 복을 짓도록 하는 대승보살의 정신입니다. 어떤 권위나 명예도 돌아보지 않는 대자유인의 길을 가기 위해서는 철저하게 버리고 낮아져야 합니다.

숲 속의 응달이나 바닥에는 이끼가 있습니다. 이끼는 식물에게 필요한 수분의 증발을 막는 역할을 합니다. 이 이끼는 뿌리랄 것도 없습니다. 그물망을 만들어 그 위에 안착하는 식입니다. 높이 오르려고도 하지 않습니다. 이 극단적 단순함으로 3억 5천만 년을 살아왔습니다. 인류의 역사라고 해봐야 불과 몇 만 년에 불과합니다. 비우고 버리는 이 단순한 삶을 사는 부처님의 제자들은 하루 한 끼로도 항상 행복에 겨워했고, 얼굴은 밝게 빛났습니다.

부처님은 당신의 제자들이 인생의 고통만을 품에 안고 비참하거나 불행한 존재로 살아가기를 원치 않았습니다. 이것은 매우 중요한 문제입니다. 그러기 위해 부처님은 고통을 극복하고 행복한 방향으로 가도록 하기 위해, 마음은 즐거운 상태를 유지해야 하고, 괴로움의 원인이 되는 탐욕과 어리석음의 본질을 깨달으라고 가르쳤습니다.

한번은 코살라 국왕이 부처님께 이런 말씀을 드린 적이 있습니다.

"앙칼진 얼굴에 거칠고 호감을 주지 않는 다른 집단과 달리, 부처님의 제자들은 즐겁고 의기양양하며 희열에 넘칩니다. 또한 영적인 삶을 즐기고, 고요하고, 평화로운 마음은 마치 가젤 같습니다."

가젤은 영양의 일종인데 성질이 매우 온순하다고 합니다. 위에서 보듯이 부처님 제자는 누가 봐도 보통의 사람과 다른 삶의 태도를 갖춰야 합니다. 그 태도는 마음의 표현이기 때문에, 진실로 부처님의 가르침을 따르고 실천하는 사람은 행동에 나타나게 되어 있습니다. 온화한 표정, 남을 배려하는 따뜻한 자세는 굳이 말로 하지 않아도 그 에너지가 전달됩니다. 코살라 국왕이 부처님의 제자들을 보고 가젤 같은 순한 동물을 떠올린 것도 다른 부류에서는 느끼지 못한 것을 부처님 제자들에게서 느꼈기 때문입니다.

공자님도 논어에서 말씀합니다.
인자불우 지자불혹 용자불구 仁者不憂 知者不惑 勇者不懼
어진 사람은 근심이 없고,
지혜로운 사람은 의혹됨이 없고,
용감한 사람은 두려움이 없다.

유교에서 '어질 인仁'은 사람이 도달할 최고의 덕목입니다. 마음을 열면 나쁜 마음들이 사라지게 되어 있습니다. 공부를 해본 사람만이 이 말을 이해할 수 있습니다.

이산혜연 선사의 발원문에도 나옵니다.

"내 모양을 보는 이나 내 이름을 듣는 이는 보리마음 모두 내어 윤회고를 벗어나되, 화탕지옥 끓는 물은 감로수로 변해지고, 검수도산 날 센 칼날 연꽃으로 화하여서……."

세상을 즐거운 마음으로 잘 살기 위해서는 무엇보다 삼업三業인 세 가지 마음을 잘 다스려야 합니다. 이 세 가지는 탐내는 마음[탐貪], 성내는 마음[진瞋], 어리석은 마음[치癡]입니다. 이 셋을 잘못 쓰면 위험하기 때문에 삼독三毒이라고 합니다. 약은 병을 고치고 즐거움을 주는 풀이지만, 독은 그렇지 않습니다.

우리가 하루를 살아가는 데도 많은 것을 필요로 합니다. 집과 음식이 필요하고 돈도 있어야 합니다. 그러나 이 일상에 있어 욕구를 충족시킬 수 없다면 우리는 당장 고통을 느낍니다.

문제는 꼭 필요한 만큼에서 그치지 않고 그 이상으로 많이 가지려 한다는 사실입니다. 바로 탐욕입니다. 서양 속담에 "남의 집 잔디가 더 파랗게 보인다"라는 말도 있습니다. 이렇듯 아주 사소한 데서부터 남과 비교하고 끝없이 갈등하며 헤매고 다닙니다. 행복은 만족에서 오는 데도 불구하고 우리 마음은 충족되질 않습니다. 어떻게 하면 이 마음으로부터 자유로워질까요?

탐욕은 아이스크림 먹기와 같다고 합니다. 처음 먹을 때는 달고 시원하지만, 조금 지나면 무감각해진다는 것입니다. 우린 없어서 불행하지 않습니다. 만족을 모르기 때문에 우울하고, 슬프고, 괴롭고, 고통 받습니다.

해각비구海覺比丘는 출가한 지 얼마 되지 않았지만 문수보살의 가르침을 받고 큰 깨달음을 성취했습니다. 바다와 같은 넓은 마음, 청정한 공덕을 갖춘 분입니다.

● 우바새장우바이 優婆塞長優婆夷

'우바새優婆塞'는 남자신도, '우바이優婆夷'는 여자신도를 말합니다. 흔히 '청신사淸信士', '청신녀淸信女'라고 합니다. '건명乾命', '곤명坤命'은 유교식 표현입니다. 여기에 비구와 비구니를 더하면 사부대중으로, 승단을 구성하는 요소입니다.

옛날 인도에 '까시'라는 나라가 있었습니다.

그 나라는 기후가 아주 좋아 비도 제때에 오고, 바람도 알맞았습니다. 당연히 곡식이 자라기에 부족함이 없는 날씨 덕에 항상 농사가 잘 되었고, 수확이 풍부한 관계로 사람들은 이웃 간에 서로 화목하고 인정이 넘쳐 살기에 좋았습니다.

그 나라의 왕은 이 모든 것이 자기가 복이 많기 때문이라고 교만한 마음을 품었습니다. 왕은 어디서나 자화자찬을 늘어놓기 때문에 사람들은 왕을 좋아하지 않았습니다. 그 때 숲 속에 있던 어떤 수행자가 왕에게 말했습니다.

"나라가 편안한 것은 당신 덕이 아니라 숲에 있는 네 마리 동물들 때문입니다."

이 수행자가 말한 네 마리 동물은 코끼리, 원숭이, 토끼, 새로 이들이 사이좋게 지내는 것은 다음과 같은 일이 있은 후부터였습니다.

"우리는 선후배를 가려 서로 공경하며 살자. 우선 누가 가장 선배인지 알아보도록 하자."

그런 후에 코끼리가 먼저 나섰습니다. 코끼리는 옆에 있는 큰 나무를 가리키며 자랑스레 말했습니다.

"내가 어렸을 때 이 나무는 내 키 정도였지."

그러자 원숭이가 입을 열었습니다.

"나 역시 어릴 때 내 키만큼 자라있는 그 나무를 보았지."

잠자코 듣고 있던 토끼가 또 한마디 했습니다.

"그 나무의 싹이 자랐을 때 내가 그 잎에 맺힌 이슬을 마신 적이 있지."

마지막으로 기다리던 새가 말했습니다.

"이 나무는 내가 열매를 먹고 버린 씨앗이 싹터서 자란 것이야."

옆에 있는 큰 나무를 기준 삼아 말을 하고 나니 우열이 가려졌습니다.

코끼리보다는 원숭이가 선배고, 원숭이보다는 토끼가, 그리고 토끼보다는 새가 더 나이가 많다는 것을 알게 되었습니다. 그 다음부터 이들은 어디를 가건 항상 함께 어울려 다니면서도 다투지 않고 서로 공경하며 지냈습니다. 이를테면 다닐 때도 순서를 어기지 않았는데, 코끼리 등에 원숭이가 타고, 원숭이 위에 토끼가 올라타고, 토끼 위에 새가 앉았습니다.

수행자가 이와 같은 이야기를 들려주며 나라가 평화로운 것은 왕의 덕이 아니라 바로 그 동물들이 선한 마음을 먹고 실천한 공덕 때문이라고 설명했습니다. 왕은 실제 그 네 동물의 모습을 보고 수행자의 말이 거짓이 아님을 알게 되었고, 다시는 자신을 내세우는 일을 하지 않았습니다.

자기의 지식이나 가문, 권력과 같은 세속적인 것에 교만한 마음을 버리고 하심下心하는 일, 집을 떠나 수행하는 사람을 공경하는 일과 그들에게 공양을 베푸는 일, 자기보다 윗사람을 공경하고 아랫사람을 따뜻하게 감싸주는 마음이 자신을 존귀하게 만들어주는 씨앗이요, 그 인연을 심는 방법이 됩니다. 이 씨앗이 싹을 틔우고 열매를 맺으면 아름답지 않을 수 없습니다. 이와 같이 사부대중은 서로 화합하여 서로가 서로에게 소중한 도반이 되어야 합니다.

● 선재동자동남녀 善財童子童男女

선재동자善財童子는 복성장자福城長者의 아들입니다. 선재의 어머니가 선재를 잉태했을 때 꿈을 꾸었습니다. 홀연히 땅에서 칠보로 장엄된 누각이 솟아오르고, 그 속에 보물이 가득 들어 있었습니다. 그래서 '상서롭다'는 뜻으로 이름을 선재라 했습니다.

선재동자가 문수보살을 뵙고 발심하여 53선지식을 친견하기로 원을 세웁니다. 『화엄경』 「입법계품」이 바로 그 내용입니다. 이 구법여행을 선재 혼자만 떠난 게 아닙니다. 수많은 보살과 불법대중이 호위를 합니다. 선재를 통해 중생들에게 화엄의 법을 알려주는 방식입니다.

경전에 보면 부처님 제자나 보살들이 부처님께 질문을 하고 부처님께서 답을 하십니다. 『금강경』 같으면 수보리須菩提존자가 나옵니다. 수보리존자가 누구를 위해 질문을 하냐면, 일체 중생을 위해 대신 물었습니다.

「입법계품」도 이와 마찬가지로 선재의 구법여행에 6천의 비구·5백 우바새·5백 우바이, 그리고 5백 명의 동자와 5백 명의 동녀가 함께 따라 나섭니다. 그래서 '선재동자동남녀善財童子童男女'입니다.

● 기수무량불가설 基數無量不可說

위에서 그 대중숫자를 얘기했습니다. 그 숫자가 헤아릴 수 없을 만큼 많기 때문에 '불가설' 입니다.

『화엄경』「약찬게」의 "보현보살제대중 ~ 기수무량불가설" 부분 은 운집대중雲集大衆에 대한 내용입니다.

① 화엄성중華嚴聖衆
해인삼매에 의해 화엄설법이 교설됨을 밝힌 후에 부처님 회상에 운집해서 그 설법을 듣는 청법대중들을 언급하고 있습니다.

② 설주보살說主菩薩과 대중大衆
법보리도량에 보현보살과 화엄성중 등 수많은 세주들만이 운집해온 것이 아니라 품을 거듭하고 회처가 바뀔 때마다 다시 한량없는 대중들이 운집해 옵니다. 그리고 그 운집 대중 가운데 으뜸가는 보살들이 설주가 되어 비로 자나 부처님의 광명설법을 다시 한 번 언설로 교설하고 있습니다.

아홉 번째 강설
나그네의 집은 길 위에 있다

● ● ●

선재동자선지식 善財童子善知識
문수사리최제일 文殊舍利最第一
덕운해운선주승 德雲海雲善住僧
미가해탈여해당 彌伽解脫與海幢
휴사비목구사선 休舍毘目瞿沙仙
승열바라자행녀 勝熱婆羅慈行女

「약찬게」의 "선재동자선지식 ～ 역부여시상설법" 부분은 선재동자가 53인의 스승[선지식善知識]을 만나는 이야기입니다. 53선지식은 보살이 수행해 가는 계위인 십신十信·십주十住·십행十行·십회향十廻向·십지十地·등각等覺·묘각妙覺의 대승 52위를 상징합니다.

선재가 만나는 선지식은 모두 55처소의 55분입니다. 이 중에서 문수보살을 두 번 만나고, 44번째의 변우동자는 법문을 하지 않고 다른 선지식을 소개해주는 역할만 합니다. 그리고 51, 52번째의 덕생동자와 유덕동녀는 언제나 함께 있기 때문에 한 몸으로 봅니다. 그래서 선지식이 모두 53분이 됩니다.

선지식은 '바르게 알아 바른 길로 바르게 인도해주는 스승'을 말합니다. 그래서 우리는 항상 먼저 마음의 눈을 뜬 선지식에 잘 의지해야 합니다. 의지하면 내가 가진 지혜와 복보다 큰 힘이 생깁니다. 이것이 바로 믿고 바로 의지하는 공덕입니다.

유대에 한 신비주의자가 있었습니다. 어느 날 그는 '신이 소돔과 고모라를 멸망시키리라'는 말을 들었기에, 신에게 물었습니다.

"멸망시키기 전에 물어보고 싶은 게 있습니다. 만약 이 도시에 영혼의 깨달음을 얻은 사람이 200명 있다면, 그래도 이 도시와 함께 멸망시키시겠습니까?"

신은 당황스러웠습니다. 그런 사람이라면 무엇보다 소중했기 때문입니다.

"그렇다면 어쩔 수 없지. 200명이 도시를 살린 거야."

"만약 그 뛰어난 영혼의 소유자 수가 200명이 아니라 20명이라면 어떻게 하시겠습니까? 이 20명이 있음에도 불구하고 멸망시키시겠습니까?"

"20명이 정말로 그런 깨달음을 얻은 자들이라면 이 도시는 구원을 받아야지."

신비주의자가 다시 말했습니다.

"하나 더 묻겠습니다. 만약 20명이 아니라 단 한 사람이라도 깨달은 자가 있다면, 그래서 그가 일 년 중의 반을 소돔에서 살고, 나머지는 고모라에서 산다면 어떻게 하시겠습니까?"

이 신비주의자가 하는 말의 핵심은 질이 중요한가, 아니면 양이 중요한가 하는 문제였습니다. 지겨워진 신이 최종적으로 말했습니다.

"그럼, 그 한 사람을 데려와 보라."

그 신비주의자가 나섰습니다.

"제가 바로 그 사람입니다."

진리를 배우는 사람은 이런 정신이 있어야 합니다. 바른 지혜를 가진 한 사람이 이 우주를 살리고 우주의 주인이 됩니다.

● 선재동자선지식 善財童子善知識

선재동자善財童子가 만나는 선지식을 보면 각양각색입니다. 그래서 부처님은 일체 모든 것이 스승 아님이 없다고 말씀하십니다. 중요한 것은 성찰의 문제입니다.

불교에서는 더 나아가 '지止'와 '관觀'의 수행법을 알려줍니다. '지止'는 숙세宿世에 익힌 모든 습성을 바른 법문을 듣는 즉시 멈추는 것입니다. 그 그침이 단호하면 더 이상 헤매지 않게 됩니다. 결연한 자세가 없기 때문에 듣고는 잊어버리게 됩니다. 그 다음이 '관觀'입니다. 마음의 흐름을 지켜봐야 합니다. 끝까지 지켜보면 생각의 본질을 알게 됩니다. 문제의 핵심으로 들어가야 합니다. 그 한가운데는 덥거나 차갑지도 않고, 괴롭거나 기쁜 감정의 흔적이 없습니다. 이 본질을 알면 비로소 세상에 홀로 존재할 수 있습니다.

중생은 항상 무언가 관심을 가질 만한 것을 끊임없이 찾아 나서고 갈구합니다. 허기져서 배고픈 게 아니라, 영혼이 항상 빈곤하고 허기져서 무엇이든 가지려 들고, 먹으려 들고, 한번 손에 쥐면 놓으려 하지 않는 것이 큰 병입니다.

군자고궁 소인궁사람의君子固窮 小人窮斯濫矣
군자는 곤궁함을 견디지만, 소인은 궁해지면 함부로 행동한다.

— 『논어』

사람은 어려워도 참고 견디는 힘이 있어야 합니다. 이 어려움을 기꺼이 감당하지 못하면, 그 사람에게 더 나은 인연은 생기지 않습니다. 그런데 대부분 어려운 일을 접하면 당황하여 어쩔 줄 몰라 합니다. 묵묵히 견디는 힘을 기르도록 하십시오.

신도들에게 참선을 시켜보면 잠시도 앉아 있지 못합니다. 하루 종일, 한 달이 가고 일 년이 가고, 또 십 년, 백 년이 가도 '꺼진 재 위에 올려놓은 장작'처럼 변화가 없어야 합니다. 큰 맷돌 하나를 물에 가라앉히면 떠오르지 않습니다. 이렇게 마음이 푹 가라앉아야 합니다. 그런 후에 이 고요한 마음이 활동을 하면 어떤 상황에서도 능동적으로 활발하게 작용합니다. 그래서 참다운 공부를 한 사람만이 진정한 자유인이 될 수 있는 것입니다.

🏵 문수사리최제일 文殊舍利最第一

문수보살은 보현보살과 함께 석가모니부처님의 양대 협시보살이면서 상수제자입니다. 문수보살은 특히 지혜를 상징합니다. 지혜가 가장 뛰어나기 때문에 가장 으뜸가는 어른이 됩니다.

문수보살이 선재를 만나보니 신심이 갸륵했습니다. 그래서 선지식을 두루 친견하라고 일러줍니다. 선재의 구법여행이 시작되었습니다.

⊛ 덕운해운선주승 德雲海雲善住僧

　문수보살이 선재에게 만나보라고 권한 첫 대상이 덕운·해운·선주 세 비구입니다.

　덕운비구德雲比丘는 승낙국 묘봉산에 계셨습니다. 덕운은 자재의 해탈력과 믿음의 눈, 지혜의 빛을 얻고 염불공덕문을 얻어 시방제불을 공경·공양하는 법력을 지닌 분이었습니다.

　선재가 7일을 밤낮으로 찾아가 묘봉산에 이르렀습니다. 덕운비구를 뵙고 '보현행'을 물었습니다. 이에 스님은 "청정한 행은 공경·공양이 으뜸이니 지혜 청정한 학문을 얻고자 한다면 해문국 해운스님을 찾아가라"고 합니다.

　덕운은 10주住 중에 첫째인 초발심初發心에 해당됩니다.

　해운비구海雲比丘는 해문국에 머물면서 12년 동안 바다의 광대한 법을 상대로 걸림 없는 마음을 내어 대자대비한 마음으로 중생을 구제할 마음을 내었습니다.

　선재에게 "중생들을 구제하고, 세간을 돕고, 고통을 구제하고, 악법을 없애고, 두려움과 장애를 없애기 위해 대비심大悲心·대자심大慈心·안락심安樂心·요익심饒益心·무애심無礙心·광대심廣大心·무변심無邊

心·청정심淸淨心·지혜심智慧心을 발하라. 그리고 능가산에서 수행하고 있는 선주비구를 찾아가보라"고 합니다.

해운비구는 10주 중 제2 치지주治地住입니다. 땅의 높낮이를 고르게 하듯 마음을 평정시키라는 의미입니다.

선주비구善住比丘는 해문국에서 60유선이나 떨어진 곳에 있었습니다. 선재가 보살들의 깊은 원력의 바다와 중생의 근기세계를 생각하고, 불법의 공덕해를 헤아리며 능가산에 이르자, 선주비구는 허공에서 왕래를 자유자재하고 있었습니다.

선재는 불법에 통달하는 법을 물었습니다. 이에 선주비구는 "나는 중생의 근기와 인因인 심행心行과 숙명宿命을 알 뿐이다" 하며 미가장자를 찾아가라고 합니다.

선주는 제3 수행주修行住입니다.

◉ 미가해탈여해당 彌伽解脫與海幢

미가彌伽와 해탈解脫은 장자이고, 해당海幢은 비구입니다. 장자는 부와 명예를 함께 가진 유복한 사람을 말합니다.

선재가 일심으로 법광명법문을 생각하며 자재성중에 이르러 미가장자彌伽長子를 찾아갔습니다. 그는 시장에서 10천 대중에 둘러싸여 법문을 설하다가, 선재를 보고 사자좌에서 내려와 예배 공양하고 선재를 칭찬합니다.

"무상보리심을 발하면 일체 불종자가 끊어지지 아니하고, 일체 부처님세계를 장엄하고 일체 중생을 성숙시키며, 일체 법성을 통달하고 일체의 업종業種을 깨달아 알고, 일체행을 원만하게 한다. 나는 묘음다라니를 얻어 삼계의 모든 언어에 통달하지만 모든 보살의 공덕은 알지 못하므로 주림 마을의 해탈장자를 찾아가보라."

마가장자는 제4 생귀주生貴住입니다.

선재가 다시 해탈장자解脫長子를 찾아갑니다. 해탈장자가 선재를 위해 법문을 들려줍니다.

"선법에 마음을 붙들고, 법의 물로 마음을 윤택하게 하고, 경계로 마음을 다스리고, 정진으로 견고케 하고, 인욕으로 평탄을 얻으며, 지혜를 증득하여 결백케 하고, 지혜로 명랑케 하고, 자재로 개발하고, 평등으로 그 마음을 넓혀가고, 10력으로 마음을 비춰보라."

그리고 해당비구를 찾아가라고 합니다.

해탈장자는 제5 구족방편주具足方便住입니다.

해당비구海幢比丘는 염부제주 마리가라국에 살고 있었습니다. 선재가 도착해보니 해당비구는 보안사득삼매에 들어 반야바라밀의 청정한 광명을 나타내어 발밑부터 머리까지 무수한 장자 · 거사 · 바라문과 용 · 나찰은 물론이고 제석 · 범천 · 보살, 그리고 정수리에서는 무수한 여래가 출현하여 법계를 충만케 하고 있었습니다. 선재가 이곳에서 6개월 6일을 보내고 나니, 그때야 삼매에서 깨어나 법문을 설해줍니다.

"나는 보장엄청정문삼매를 얻어 일체 세계에 왕래하되 걸림없이 모든 부처님을 뵙고 광대한 덕을 만나 자재한 신통을 뵙고 한량없는 법문과 행을 듣고 닦지만, 모든 보살들이 지혜의 바다에 들어가 법계를 깨끗이 하는 등의 자재함을 알지 못하니, 광대한 신통과 변재 · 묘행 · 경계문을 얻고자 한다면 남방의 휴사 우바이를 찾아가라."

해당비구는 제6 정심주正心住입니다.

● 휴사비목구사선 休舍毘目瞿沙仙

휴사는 여女신도, 즉 '우바이'입니다. '맑고 깨끗한 행을 통해 세상을 밝히는 여자 신도'입니다.

선재가 해당비구로부터 견고한 몸과 묘법재妙法財를 얻어 환희심을 내고는 보장엄원普莊嚴園을 찾아갑니다. 갖가지 보물과 수목으로 장엄된

정원의 궁전에 앉아 있는 휴사우바이休捨優婆夷에게 선재가 묻습니다.

"당신이 무상보리를 발하신 지가 얼마나 되었으며, 언제 성불하시게 됩니까?"

휴사가 말했습니다.

"과거 바루불 시대에 발심하였으나 언제 성불할지는 모른다. 왜냐하면 보살행은 일체법을 모두 증득하고 일체 세계를 장엄하여야 비로소 얻어지기 때문이다."

그러면서 자신은 보살들의 바다 같고, 산 같고, 해 같고, 달 같은 경지를 모르므로 나라소국의 비목구사선인을 찾아가라고 합니다.

휴사우바이는 10주 중 제7 불퇴주不退住에 해당합니다.

선지식은 진실로 만나기 어렵고 가까이 하기도 어려움을 절감하며 선재가 비목구사선인毘目瞿沙仙人을 찾아가니, 선인은 온갖 꽃과 나무가 무성한 숲에서 1만 대중과 함께 선재를 맞이하며 칭송을 합니다.

"이 동자가 무상보리를 발하여 모든 중생들을 구할 자이니라."

이 말을 들은 다른 선인들이 일제히 꽃과 향으로 공양을 올렸습니다. 비목구사선인은 자신은 보살의 무승당해탈無勝幢解脫을 얻어 시방 미진수 불세계를 구경할 뿐이라며 승렬바라문을 찾아가라고 합니다.

선재동자가 '무승당해탈'의 뜻을 물었습니다. 비목구사선인이 오른손으로 선재의 이마를 만지고 손을 잡으니 갑자기 시방 미진수 불세계가 전개되어 그 속에서 일어나는 온갖 일을 볼 수 있었습니다. 그런데 손을 놓으니 본래의 상태로 돌아오는 것이었습니다.

비목선인은 10주 중 제8 동진주童眞住 입니다.

● 승열바라자행녀 勝熱婆羅慈行女

우리가 육도윤회를 하며 태어나지만 사람 몸 받기가 어렵습니다. 세상살이의 고난에서 벗어나기도 어렵고, 바른 법과 바른 스승을 만나기도 쉬운 일이 아닙니다.

선재가 승열바라문勝烈婆羅門을 찾아갔습니다. 그는 고행 중이었는데, 산더미 같은 큰 불덩이 한 가운데 몸을 던지는 고행이었습니다.

"어떻게 해야 보살행을 닦습니까?"

그러자 승열바라문이 말했습니다.

"저 칼산 높이 올라가서 몸을 던지도록 하라."

선재가 미심쩍어하자 하늘에서 대범천의 음성이 들렸습니다.

"이 바라문은 금강삼매광명을 얻어 불퇴전의 신심으로 중생을 제도하며, 탐욕과 사견의 그물을 찢고 번뇌의 섶을 태우는 이다. 그는 이미 생사의 장애를 건넜느니라."

선재가 비로소 믿음을 내며 뉘우치자, 승열바라문이 게송을 말합니다.

"선지식의 말씀은 의심 없나니
흔들림 없이 믿는 사람은
깨달음의 자리에 앉아 위없는 도를 이루리라."

선재가 용기를 내어 칼산에 올라 불 속으로 몸을 던지는 순간 보살의 선주삼매善住三昧를 얻고, 다시 몸이 불꽃에 닿으려는 순간 적정락신통삼매寂靜樂神通三昧를 얻습니다.

승열바라문은 10주 중 제9 법왕자주法王子住입니다.

자행동녀慈行童女는 사자당왕의 딸입니다. 5백 시중들과 비로자나장 궁전에 머물며 묘법妙法을 설하는데, 금빛 피부에 자주색 눈, 그리고 범천의 음성이었습니다.

선재가 예배하고 '보살행'을 물었습니다. 자행녀는 "자신은 반야바라밀보장엄문을 알 뿐이니 남방의 선견비구를 만나라"고 합니다.

자행녀는 10주 중 제10 관정주灌頂住입니다.

이렇게 해서 선재는 10주 선지식을 모두 만났습니다.

10주를 다시 정리하면 다음과 같습니다.

① 덕운비구德雲比丘 – 초발심주初發心住 : 지혜를 내는 마음

② 해운비구海雲比丘 – 치지주治地住 : 다양한 마음을 다스림

③ 선주비구善住比丘 – 수행주修行住 : 실상을 보는 마음

④ 미가장자彌伽長子 – 생귀주生貴住 : 부처님 법에 머무는 마음

⑤ 해탈장자解脫長子 – 구족방편주具足方便住 : 중생을 생각하는 마음

⑥ 해당비구海幢比丘 – 정심주正心住 : 단호하여 흔들리지 않는 마음

⑦ 휴사우바이休捨優婆夷 – 불퇴주不退住 : 어떤 장애도 후퇴하지 않
　는 마음

⑧ 비목구사선인毘目瞿沙仙人 – 동진주童眞住 : 물들지 않는 깨끗한
　마음

⑨ 승열바라문勝熱婆羅門 – 법왕자주法王子住 : 중생과 여래의 일을
　아는 마음

⑩ 자행동녀慈行童女 – 관정주灌頂住 : 모든 지혜를 갖춘 마음

단순한 삶을 사는 사람은 아무 요구 없이 숨 쉬듯 산다고 합니다. 영혼의 담박함입니다. 특별히 수고로울 것도, 영광스러울 것도, 과시할 것도, 부끄러워 할 것도 없는 것입니다. 단순함은 삶에 추가되는 것이 아니라 바로 삶 그 자체입니다.

선지식은 바로 이런 삶으로 이끄는 분입니다. 바위를 나무로 바꾸려 하지 않고, 나무가 물이 되는 것도 원하지 않습니다. 꽃은 꽃이니까 좋고, 나비는 나비니까 좋습니다. 빨강은 빨강대로, 파랑은 파랑대로 좋습니다.

옛 선사들은 밥 먹고 잠자는 데 도가 있다고 했습니다. 그리고 이 도가 있으면 근심할 게 없다고 합니다.

19세기의 티베트 성자인 파툴 린포체(1808~1887)의 이야기입니다. 그는 위대한 영적인 스승이라는 외형적인 특징이 없었습니다. 가지고 다니는 짐이라고는 순례에 짚고 다니는 지팡이, 차를 끓여 마시는 데 필요한 낡은 주전자와 차를 넣은 작은 배낭 하나, 사랑과 자비를 일깨우는 「해탈을 향한 걸음」 한 권, 그리고 당장 입고 다니는 옷이 전부였습니다.

동굴이나 숲, 남이 버리고 간 오두막이 그의 수행처였고, 그는 마음이 닿는 대로 머물다가 또 정처 없이 어디든 흘러 다녔습니다. 흡사 흰 구름처럼, 깃털처럼, 가벼운 수행자의 자세를 잃지 않으면서 혹 큰 사원에 가더라도 조그만 뒷방에 머물렀으니 누가 손님을 맞기 위한 번거로움을 일으킬 것도 없었습니다.

어느 날 린포체는 티베트의 동부 잠탕 사원 근처에서 수천의 대중에게 법문을 펼쳤습니다. 법당의 법상이 아니고 풀이 자란 언덕에서의 법회였습니다. 그는 공양물을 일체 받지 않는 것으로 알려졌지만, 설법이 끝나고 한 노인이 그의 발치에 돈뭉치 하나를 놓고 갔습니다.

린포체는 대중이 흩어지자 서서히 몸을 일으켜 배낭을 메고, 지팡이를 짚고서 길을 떠났습니다. 그런데 한 도둑이 이 광경을 모두 지켜보고는, 돈을 훔칠 생각으로 린포체의 뒤를 쫓기 시작했습니다.

날이 저물어 이슬을 피할 자리를 만들고는 별이 빛나는 하늘을 이불 삼아 린포체가 눕자, 도둑은 스님이 잠이 든 것을 확인하고는 배낭을 뒤졌습니다. 그런데 배낭에는 찌그러진 차 주전자와 책 한 권 외에는 아무 것도 없었습니다. 그는 다시 린포체의 소매를 뒤지기 시작했습니다. 스님이 도둑을 나무랐습니다.

"내 소매를 왜 그렇게 뒤지는가?"

"한 노인이 당신께 드린 돈뭉치를 주시오."

린포체께서 말씀하셨습니다.

"네가 얼마나 미친 사람처럼 이리저리 날뛰는지 한 번 보아라. 그까짓 돈뭉치 때문에 그 먼 길을 쫓아온단 말인가. 참으로 가련하구나. 내 말을 듣거라. 오던 길을 돌아가면 내가 앉았던 언덕이 있을 것이다. 한 노인이 나에게 바쳤던 돈다발도 그 자리에 있을 것이다. 난 손도 대지 않았으니까."

도둑은 망설일 수밖에 없었습니다. 믿고 싶지 않았지만 배낭에 돈이 없다는 것은 본인이 이미 확인했습니다. 지금 그 언덕으로 간다한들 돈뭉치를 발견할 거라는 확신도 없었지만, 결국 도둑은 되돌아가기로 마음먹고 급히 걷기 시작했습니다.

대상은 본래로 고요한데 왜 우리는 스스로 문제를 일으키고, 고요한 숲을 흔드는 것일까요?

"새들이 등에 상처 입은 말들을 쉽게 공격하듯이, 현실은 불안해하는 사람들을 쉽게 공격하지만 안정된 사람들에게는 영향을 미치지 못한다" 라는 티베트의 말이 있습니다.

도둑은 왔던 길을 돌아갔습니다, 오직 돈 때문에……. 이런 삶도 참 피곤한 삶입니다. 도둑이 그 언덕의 풀밭을 찾았더니, 정말로 돈뭉치가 그곳에 있었습니다. 그런데 도둑은 기쁘지 않았습니다.

그는 생각했습니다.

'이분은 보통 분이 아니구나. 모든 집착에서 벗어난 분이야. 그분에게서 돈을 훔치려 한 나는 정말 비참한 사람이구나. 나는 얼마나 비웃음을 샀을까?'

그는 스스로 괴로워하며 다시 린포체를 찾아 나섰습니다. 그리고 아직 멀리 가 있지 않은 스님을 만날 수 있었습니다.

도둑을 본 순간 린포체는 호통을 쳤습니다.

"자네! 아직도 온 사방으로 뛰어다니는가? 나한테 돈이 없다고 하지 않았나. 도대체 뭘 더 원하기에 이리 못살게 구는 건가?"

도둑이 린포체의 발치에 엎드리더니 서럽게 흐느꼈습니다.

"무엇을 훔치려고 온 것이 아닙니다. 돈은 찾았습니다. 제가 스님의 돈을 빼앗으려고 했다는 생각을 하니 눈앞이 캄캄합니다. 저를 용서해 주십시오. 그리고 제자로 맞아 주십시오."

린포체는 도둑을 진정 시켰습니다.

"나에게 그런 참회를 할 필요도 없고 용서를 빌 필요도 없네. 관용을 실천하고, 부처님께 빌고, 그분의 가르침을 실천하면 그만이네. 그뿐이네."

나날이 좋은 날입니다.

열 번째 강설

호떡이니라

•
•
•

선견자재주동자 善見自在主童子
구족우바명지사 具足優婆明智士
법보계장여보안 法寶髻長與普眼
무염족왕대광왕 無厭足王大光王
부동우바변행외 不動優婆遍行外

운문선사에게 어떤 스님이 물었습니다.

"어떤 것이 부처를 초월하고 조사를 뛰어 넘는 말씀입니까?"

선사가 말하였습니다.

"호떡이니라."

– 『선문염송』

우리는 불전에 기도를 하고 간경을 하고 참선 수행을 합니다. 이 모든 것이 우선은 불보살님의 가피를 입기 위한 부분이 있지만, 궁극에는 불보살의 경지에 이르러야 합니다. 부모나 스승의 은혜를 갚는 길은 더 뛰어나야 하듯이 말입니다. 이것을 '청출어람靑出於藍'이라 합니다.

어떤 것이 부처와 조사를 능가하는 말씀이고 경지일까요? 곰곰이 생각해 보시기 바랍니다. 뛰어넘는다고 해서 공경심이 덜해지는 것은 아닙니다. 이 물음에 운문스님은 "호떡이다"라고 했습니다. 선문답에서 이런 투의 문답이 많이 나옵니다.

그런데 의심을 해나가는 데 있어 호떡과 연관시켜 생각하면 절대 안 됩니다. 그 질문을 받을 때 아마 호떡이 눈에 보였을 것입니다. 다시 말하면 진지한 질문에 간단한 예로 답을 했습니다. 호떡과 불조佛祖를 초월하는 것이 아무 상관이 없지만, 이 질문의 의미와 답의 뜻을 알기 위해서는 상징을 통해 들어가야 합니다. 그래서 참선을 할 때 이 말을 들어 뜻을 참구參究하는 것입니다.

이 문답에 대해 투자청投子靑이 붙인 송頌입니다.

선불초담문작가禪佛超談問作家
인래의끽건계다因來宜喫建溪茶
중양일근개금국重陽日近開金菊

심수어행암동사深水魚行暗動沙

불조를 초월하는 이야기를 대덕에게 물으니

고단하면 건계의 차를 달여 마신다

중양 날이 가까우니 황금국화 피어나고

깊은 물에 고기 놀자 모래가 흔들리네

건계建溪는 그 어디의 물 좋은 냇가일 것입니다. 그 물로 차를 달여 마시니 얼마나 맛이 좋겠습니까? 중년을 넘어서면 일반적으로 국화가 좋아진다고 합니다. 국화는 계절로도 가을의 꽃이고, 서리가 내릴 때까지 제법 오래 핍니다. 어쩌면 인생의 후반부에 가장 어울리는 꽃인지도 모릅니다. 그리고 물에 조그마한 고기가 헤엄치면 모래가 아주 조금 흔들립니다. 이 사물의 여실한 모습이 부처와 조사를 초월하는 경지입니다.

● 선견자재주동자 善見自在主童子

선재가 선견비구先見比丘를 찾아가니, 부처님처럼 늠름한 모습이었습니다. 선재가 '보살행'을 묻자 말합니다.

"나는 부처님 세계에서 무량한 범행을 닦고 중생의 차별세계를 안다. 그러나 여래보살들의 지혜의 등불은 무너뜨릴 수 없으니, 저 남방 명문국의 자재주동자를 만나도록 해라."

선견동자는 10행 중 제1 환희행歡喜行입니다.

선재가 명문국에 들어가자, 천룡과 건달바들이 안내를 하였습니다. 자재주동자는 십천 동자들과 함께 모래를 가지고 놀고 있었습니다. 선재가 '보살행'을 묻자 말했습니다.

"나는 일찍이 문수동자에게 글씨와 수학, 인법因法 등 여러 공부를 하여 병을 치료하고 직분의 도리를 잘 알지만, 보살의 일체 경계는 모르니 남방 해주성의 구족우바이를 찾아가라."

자재주동자는 제2 요익행饒益行입니다.

◉ 구족우바명지사 具足優婆明智士

선지식은 봄날과 같고 보름달이 비치는 여름 못 같아서, 초목이 자라고 시원하게 하듯 사람을 바른 길로 인도하는 인천人天의 큰 스승입니다.

선재가 구족우바이具足優婆夷를 찾아가니, 그녀의 집은 상상할 수 없을 만큼 크고 넓었습니다. 평등하고 대자비한 경지에서 1만 동녀와 함께 머물고 있었습니다.

구족동자는 일체를 충만하게 하는 무진복덕장해탈문無盡福德藏解脫門을 성취했지만, 더 큰 불보살의 공덕바다를 알려면 남쪽 대흥성의 명지거사를 찾아가라 합니다.

구족우바이는 10행 중 제3 무위역행無違逆行입니다.

거사居士는 출가는 하지 않았지만 수행자와 별다르지 않게 살아가는 재가 남자를 말합니다. 일반적인 남자는 처사處士라 부릅니다. 처사는 절집에서 많이 쓰는데, 세속의 식구와 살림이 딸린 사람을 뜻합니다.

선재가 찾아가자 명지거사明智居士는 보배장엄한 자리에 1만 권속들에게 에워싸여 있었습니다. 선재가 '보살의 공덕을 성취하는 법'에 대해 묻자, 명지거사가 말했습니다.

"나는 수의출생복덕장해탈문隨意出生福德藏解脫門을 얻어 무엇이든 요구하는 사람에게 다 들어주지만, 사방을 보배로 덮는 일은 다 모르니 남쪽 사자성의 법보계장자를 만나도록 하라."

명지거사는 10행 중 제4 무굴요행無屈撓行입니다.

◉ 법보계장여보안 法寶髻長與普眼

　　법보계장자法寶髻長子는 선재에게 유리누각과 10층으로 된 자신의 집을 보여주며 과거 불찰미진수겁전의 원만장엄세계 무변광법계 보장엄왕 부처님께 향과 음악, 환약으로 공양하고 그것을 다시 회향한 공덕으로 무량복덕보장해탈문을 성취했음을 설해줍니다. 특히 회향법을 깨닫습니다.

　　법보계장자는 10행 중 제5 무치란행無癡亂行입니다.

　　선재가 다시 보안장자普眼長者를 찾아갔더니 다음과 같이 설해주었습니다.

　　"나는 중생의 모든 병을 알고 치료하며 시방제불께 공양하여 일체중생으로 하여금 큰 이익을 얻게 한다."

　　보안장자는 병 치료하는 법을 터득하였습니다.

　　보안장자는 10행 중 제6 선현행善現行입니다.

◉ 무염족왕대광왕 無厭足王大光王

　　선재가 다라성에 이르러 무염족왕無厭足王을 찾아갔습니다. 그런데 왕은 백천 대신과 군사들을 거느리고 재판을 하고 형벌을 내리는 데 있어

혹독하기가 이루 말할 수 없었습니다.

'이런 자가 어찌 불법을 신봉한다 하겠는가? 선법을 말살하는 이로구나.'

선재가 이런 생각을 하고 있는데 갑자기 허공에서 소리가 들렸습니다. 그것은 오로지 중생을 호념하고 조복시키는 방편이라는 말을 들은 선재는 왕에게 나아가 '보살도'를 물었습니다. 그러자 자신은 보살의 환幻과 같은 해탈을 얻었으며, 자신의 국토에 중생들이 악업을 짓기 때문에 이런 방편을 쓴다고 설해주었습니다.

무염족왕은 10행 중 제7 무착행無着行입니다.

선재가 일심으로 환지幻智법문을 생각하며 묘광성으로 들어갔습니다. 대광왕大光王은 칠보궁성 네 거리에서 보시회를 베풀고 있었습니다.

왕은 자신이 대자당행大慈幢行을 닦아 왕이 되어 중생들에게 이익과 안락을 준다며 대광삼매에 들어 신통을 보이고는 부동우바이를 소개합니다.

대광왕은 10행 중 제8 난득행難得行입니다.

🏵 부동우바변행외 不動優婆遍行外

선재가 안주성의 부동우바이不動優婆夷를 찾아가니, 부모의 보호 속에 백천 대중들에 둘러싸여 묘법을 설하는데 금색광명이 쏟아지고 있었습니다. 부동우바이는 선재에게 다음과 같이 법을 설했습니다.

"나는 보살이 항복받기 어려운 지혜장해탈문을 얻어 일체법이 평등함을 알았다. 보살도는 일체법을 구하는 데 싫어하는 마음이 없어야 한다."

부동우바이는 10행 중 제9 선법행善法行입니다.

다시 길을 나선 선재가 도살라성에 도착하니 날이 저물었습니다. 그런데 멀리 산에서 밝은 빛이 보여 올라가니 변행외도遍行外道가 있었습니다. 그는 일만 범천왕들에게 법문을 설하는 중이었습니다. 그러면서 선재에게도 법을 일러주었습니다.

"나는 일체처에 이르는 보살행에 안주하여 널리 세간을 관찰하는 삼매문을 얻어 신통력으로 중생들을 교화하느니라."

변행외도는 10행 중 제10 진실행眞實行입니다.

이렇게 해서 선재는 10행 선지식을 모두 만났습니다.

10행은 보살의 열 가지 행을 말합니다.

① 선견비구先見比丘 – 환희행歡喜行 : 기쁨으로 실천하는 행

② 자재주동자自在主童子 – 요익행饒益行 : 나와 중생을 이롭게 하는 행

③ 구족우바이具足優婆夷 – 무위역행無違逆行 : 고통을 참고 중생을 향 하는 행

④ 명지거사明智居士 – 무굴요행無屈撓行 : 유혹에 굴하지 않는 행

⑤ 법보계장자法寶髻長子 – 무치란행無癡亂行 : 지혜와 고요함을 갖춘 행

⑥ 보안장자普眼長者 – 선현행善現行 : 마음을 비워 진리를 드러내는 행

⑦ 무염족왕無厭足王 – 무착행無着行 : 집착하여 머무르지 않는 행

⑧ 대광왕大光王 – 난득행難得行 : 큰 서원으로 성취하는 행

⑨ 부동우바이不動優婆夷 – 선법행善法行 : 모든 장애를 극복하는 행

⑩ 변행외도遍行外道 – 진실행眞實行 : 진실되고 원만한 행

옛 글에 보면 이런 일들이 기록되어 있습니다.

상종한대 금중와류생지祥鐘漢代 禁中臥柳生枝

서갈송정 탑하영지생瑞謁宋廷 榻下靈芝生

한漢나라 때 상서로움이 모여들어

궁궐의 누웠던 버드나무가 일어나 가지를 틔우고,

송宋나라 조정에는 왕의 어머니 자리에

영지가 잎을 피우는 상서로움이 있었다.

한나라 소제 때 어화원의 쓰러진 버드나무가 갑자기 일어나 가지와 잎이 생기고, 벌레가 잎을 갉아 '공손병이입公孫病已立'(漢(公孫)의 宣帝(病已)가 일어선다)을 나타냈고, 송나라 인종의 어머니 자리에 42개 잎이 달린 영지가 자라났는데 인종은 42년간 재위하여 천하를 다스렸다고 합니다.

이와 같이 좋은 생각과 행위의 결실은 반드시 눈에 보이고 이뤄지게 되어 있습니다. 우리가 『화엄경』 「약찬게」를 공부하며 광대무변한 불법과 신들의 세계를 알아가고 있습니다. 선행에는 반드시 감응이 있습니다. 그 선행의 가장 수승한 인과는 중생을 위한 자비행으로부터 이뤄집니다. 자비로운 마음이 부처님 마음입니다.

티베트 불교에서 가장 돋보이는 인물은 밀라레파(Milarepa, 1052~1135)입니다. 다음은 밀라레파의 스승인 마르파Marpa가 나로파Naropa에게 가르침을 받는 얘기입니다.

마르파는 도를 구하기 위해 나로파를 찾아갔습니다. 그때 나로파는 벵갈의 어느 강변, 허름한 오두막에서 숟가락도 없이 가난하게 살고 있었습니다. 마르파는 적잖이 실망했습니다. 위대한 성자라면 훌륭한 사원에서 존경을 받으며 지낼 것이라고 생각했기 때문입니다. 더욱 가관인 것은 나로파의 상식 밖의 말이었습니다.

"뭐, 공부하러 왔다고? 난 공짜로 가르치지 않으니 돈을 가져오게!"

그냥 돌아가 버릴까 하다가 그의 명성이 또한 마음에 걸려서, 마르파는 강가로 나가 뜰채를 가지고 사금을 모으기 시작했습니다. 정성스레 사금을 모은 마르파는 가르침을 받기 위해 나로파를 찾아갔습니다. 그러나 나로파는 처음보다 더욱 노골적인 자세로 훑어보며 냉소적으로 말했습니다.

"그래, 돈은 가져왔나?"

마르파는 고향으로 돌아갈 만약의 경우를 생각하여 약간의 금을 주머니에 넣고 나머지는 모두 나로파에게 올렸습니다. 그런데 나로파가 비웃으며 말했습니다.

"너무 적군. 자네는 그렇게 얕은 꾀로 내 가르침을 살 수 있다고 생각하나? 자네 주머니 속의 금은 또 무엇이란 말인가. 그것도 마저 내놓게!"

'도대체 무슨 성자란 사람이 이 모양인가.'

사금을 모두 내놓으라는 그의 말이 역겹기까지 했지만, 마르파는 여비로 숨겨둔 금까지 모두 털어놓았습니다. 이 탐욕스러운 성자는 비로소 만족한 미소를 지으며 사금 자루에 손을 집어넣는 것이었습니다.

그런데 순간 놀라운 일이 벌어졌습니다. 나로파가 사금이 든 자루를 뒤집더니 공중으로 털어서 입김으로 불어 날려버리지 않겠습니까? 그리고는 큰소리로 웃기 시작했습니다. 이미 사금은 햇빛에 반짝거리며 바람을 타고 멀리 멀리 사라지고 있었습니다. 마르파의 눈에 분노의 눈물이 쏟아졌습니다. 그때 나로파의 목소리가 조용히 들려오는 것이었습니다.

"어린 수행자여, 눈을 들어 이 세상을 보게나."

마르파가 그 음성에 끌려 눈을 들었습니다. 때마침 석양으로 넘어가는 벵갈의 들녘과 강, 푸른 나무들이 보였고, 그것들은 모두 황금빛으로 빛나고 있었습니다. 놀랍게도 세상 모든 것이 황금과 다르지 않았습니다. 가난한 성자가 타이르듯이 말을 이었습니다.

"이 세상 전체가 눈부신 황금이라네. 나는 자네의 소원이 무엇이건 모두 들어줄 수 있네. 자, 황금과 진리 중 어느 것을 원하는가?"

순간 마르파는 큰 깨달음을 얻었습니다.

열한 번째 강설

푸른 산이 발을 들던가

•
•
•

우바라화장자인 優婆羅華長者人
바시라선무상승 婆施羅船無上勝
사자빈신바수밀 獅子嚬伸婆須密
비슬지라거사인 毘瑟祇羅居士人
관자재존여정취 觀自在尊與正趣
대천안주주지신 大天安住主地神

청산불거족 일하부도등靑山不擧足 日下不挑燈

푸른 산은 발을 들지 못하고

해 아래서는 등불은 돋지 않네

위는 옛 선사의 법문 한 구절입니다. 푸른 산은 움직이지 않습니다.

반대로 물은 잠시도 머무르지 않고 흘러갑니다. 사물은 각각의 성품이 있어서 동일하지 않습니다. 『화엄경』은 그런 차별상을 긍정적으로 보라고 가르칩니다.

『반야경』이 공空을 내세워 일체의 상相을 부정함으로써 진리를 드러내는 가르침이라면, 『화엄경』은 관점을 달리 합니다. 화엄법계華嚴法界라 해서, 각각이 어우러지면 개별적으로 존재할 때와는 전혀 다른 모습이 생겨납니다. 더불어 살아가는 공덕입니다.

등은 어둠을 밝히는 데 쓰는 도구입니다. 한낮의 태양 아래서 등불을 켤 필요가 어디 있겠습니까? 당연히 어느 누구도 그런 행동을 할 사람은 없습니다. 물론 옛 그리스의 철학자는 한낮에 등불을 들고 다니기도 했습니다. 사람들에게 어리석음을 밝히라는 말이었습니다.

푸른 산이 스스로 움직여 발을 들지 않고, 해 아래에서는 등불이 돋지 않음은 그 자체로 현현한 진리라는 말입니다. 이런 무정설법을 알아차려야 합니다.

◉ 우바라화장자인 優婆羅華長者人

선재는 광대국의 우발라화優鉢羅華장자로부터 모든 종류의 향제조법과 그 효능을 알고 일체의 모든 향이 나오는 것을 안다는 법문을 듣습니다. 사람에게는 상장향象藏香, 나찰에게는 해장향海藏香, 선법천에는 장엄향莊嚴香 등이 있고, 마나라전에서는 전단향栴檀香, 바다 가운데에서는 무능승향無能勝香, 설산에서는 아노라향阿樓那香 등이 나는 것을 알고, 또 적재적소에 쓰는 방법을 안다는 법문을 듣습니다.

우발라화장자는 10회향 중 제1 구호일체중생이중생상회향救護一切衆生離衆生相廻向입니다.

◉ 바시라선무상승 婆施羅船無上勝

선재는 누각성에서 뱃사공 바시라선사婆施羅船師를 만나 바다를 비유한 법문을 듣게 됩니다. 생사의 바다는 지해智海, 애욕의 바다는 심해心海, 중생의 바다는 율해律海로 다스리는 이치 등입니다.

바시라선사는 10회향 중 제2 불괴회향不壞廻向에 해당합니다.

선재가 다시 가락성 대장엄당의 무우림에 이르러 무상승장자無上勝長者를 만나, 일체처에 이르는 보살행문을 배워서 신통력으로 중생들의 비법과 논쟁·전투·원한 등을 쉬게 한다는 법문을 듣습니다.

무상승장자는 10회향 중 제3 등일체제불회향等一切諸佛廻向입니다.

🔵 사자빈신바수밀 獅子嚬伸婆須密

사자빈신獅子嚬伸은 비구니입니다. 선재동자가 수나국에 다다르니, 그 비구니는 승광왕이 보시한 일광공원에서 설법을 하고 있었습니다. 일광공원에는 갖가지 나무가 있고, 바닥은 금모래가 뿌려져 있었으며, 여덟 공덕수가 가득하고 맑은 샘물이 끊임없이 솟아났습니다. 이 모든 장엄은 사자빈신비구니의 선업복덕에서 발원한 것입니다. 사람도 선근공덕을 지으면 안락한 처소에 머물 복이 생깁니다.

사자빈신비구니가 말했습니다.

"나는 일체지를 성취하는 해탈을 얻어서 3천 대천세계의 천룡팔부와 모든 중생을 나의 사자좌 속에 다 들어오게 하는 위신력을 가지고 있다. 그러나 일념 간에 불가설 겁에 들어가는 공덕을 다 알 수 없다."

그러면서 험난국 보장엄성에 바수밀녀를 만나보라고 하였습니다.

이 사자빈신은 10회향 중 제4 지일체처회향至一切處廻向입니다.

선재가 다시 온갖 다라니문을 생각하며 바수밀녀婆須密女를 찾아갔습니다. 그때 바수밀녀는 시장 뒷골목에 10대원림을 장엄한 집 안에 선녀의 모습을 하고 있었습니다.

선재는 바수밀녀를 만나서 욕심을 떠난 실제實際의 청정한 법문을 들었습니다. 이 바수밀녀는 굉장합니다. 이 여성은 보는 사람에 따라 모습을 자재하게 변화시킬 수 있습니다. 또 이 여인과 말하면 묘음으로 가득 찬 세계에 들어가고, 이 여인의 손을 잡으면 불국토에 들어갑니다. 몸 자체가 보리菩提이기 때문입니다.

"만약 하늘이 나를 보면 나는 천녀가 되고, 사람이 나를 보면 나는 여인이 되고, 비인非人이 나를 보면 나는 비인녀非人女가 된다. 나는 전생에 고행불苦行佛께 공양하고 탐욕의 세계를 여의는 해탈문을 얻어 경계에 따라 욕락에서 벗어나게 할 수 있지만 그 이상은 모른다. 모든 보살의 무변방편지혜를 얻으려면 남방 선도성중에 비슬지라거사를 찾아가도록 하라."

바수밀녀는 10회향 중 제5 무진공덕장회향無盡功德藏廻向입니다.

노불산불평 사불위불성路不鏟不平 事不爲不成
인불권불선 종불고불명人不勸不善 鍾不鼓不鳴

길은 삽질을 하지 않으면 평평할 수 없고, 일이란 하지 않고는 이룰 수가 없다.

사람이 권하지 않으면 선할 수 없고, 종은 치지 않으면 소리를 낼 수 없다.

아무리 작은 일이라도 실제로 힘을 들여야만 공력이 쌓임을 말해주는 글입니다. 좋은 환경에서 사는 복력이 무심하지 않음을 잘 알아야 합니다.

● 비슬지라거사인 毘瑟祗羅居士人

비슬지라거사毘瑟祗羅居士는 매일 부처님 탑전에 공양을 올리고 있다가 선재를 보고 말했습니다.

"나는 열반에 들지 않는 해탈문을 얻어서 제불성현들의 열반 경계를 다 알고 있다. 그러나 불법 중에서 깨달음을 얻는 것은 보타락가산 관자재보살이 잘 알고 계시니 찾아가라. 바다 위 높은 산에 성현이 많으시니 청정한 보배 산에 갖가지 꽃이 피어난다. 깊은 못 맑은 샘이 중생을 이롭게 하니 그 방편을 어서 배워 공덕행을 이루라."

멸도에 드는 일이 없는 법문은 일념一念 안에 과거와 현재와 미래의 모든 법을 앎을 말합니다.

비슬지라거사는 10회향 중 제6 입일체평등선근회향入一切平等善根廻向입니다.

● 관자재존여정취 觀自在尊與正趣

선재가 보타락가산을 찾아가니 관자재보살觀自在菩薩은 금강석 위에서 대자비법大慈悲法을 설하고 있었습니다.

경전에서는 보타락가산 관세음보살을 다음과 같이 표현합니다.

"점차 여행하여 광명산에 이르러 산 위에 올라가 관세음보살을 두루 찾으니, 산 서쪽 언덕에 있음을 보았다. 곳곳에 흐르는 샘물과 연못이 있고, 숲은 우거졌으며, 풀은 부드러웠다. 관세음보살은 금강보좌에 가부좌를 하고 앉아 있었다."

보살행에 대한 선재의 물음에 관자재보살이 말했습니다.

"보살은 큰 서원을 세웠으며, 그 서원은 모든 중생을 구제하겠다는 것이다. 모든 중생의 갖가지 공포와 근심을 모두 없애주겠다는 서원이다."

그러면서 동방의 정취보살을 찾아가보라고 하였습니다.

관자재보살은 10행 중 제7 등수순일체중생회향等隨順一切衆生廻向입니다.

선재가 다시 정취보살正趣菩薩을 찾아뵙고 절을 올렸습니다. 그러자 정취보살이 말했습니다.

"나는 동방묘장세계보승장생불 법문을 얻고 해탈을 얻었으나 보살의 지혜경계는 다 알 수 없다. 남방의 타자발지성중에 가서 대천신을 만나도록 하라."

정취보살은 10회향 중 제8 진여상회향眞如相廻向입니다.

◉ 대천안주주지신 大天安住主地神

선재가 넓고 큰 보살행에 들어가 여러 선지식들의 신통력을 생각하며 대천신大天神 앞에 나아갔습니다. 그리고는 보살행에 대해 묻자, 대천신은 손을 뻗어 사해四海의 물을 모두 가져다 자기의 얼굴을 씻고 금색 꽃을 선재에게 뿌리며 말했습니다.

"모든 보살의 물은 번뇌의 불을 끄고, 모든 보살의 불은 일체 중생의 탐애를 다 태우며, 모든 보살의 바람은 일체 중생의 집착하는 마음을 다 흩어버리고, 보살의 금강은 일체의 '아상我相'을 없애 버린다."

그리고 보리장중에 있는 안주신을 만나보라고 하였습니다.

대천신은 10회향 중 제9 무박무착해탈회향無縛無著解脫廻向입니다.

선재가 안주지신住主地神을 찾아갔더니, 안주지신은 벽안지신과 같이 있다가 선재를 보고 땅을 발로 굴렀습니다. 그러자 백천억 아승지보살의 백천억 아승지보장이 눈앞에 펼쳐졌습니다. 선재는 여기서 보살의 무너지지 않는 창고[不可壞藏]의 법문을 배우게 됩니다. 안주지신이 다시 선재를 보고 말했습니다.

"나는 과거에 선근공덕을 심은 결과로 이 같은 복력을 구족하였다. 나는 과거 장엄겁 중 월당세계에 나아가 묘안부처님을 뵙고 가히 파괴할 수 없는 지혜를 얻었지만, 부처님의 깊고 깊은 지혜에 들어가 몸과 마음

을 부처님 같이 하여 부처님 행을 이루는 것은 잘 알지 못한다. 저 가비라
성 바산바연주야신에게 물어 보도록 하라."

안주지신은 10회향 중 제10 입법계무량회향入法界無量廻向에 해당됩
니다.

이렇게 해서 선재는 10회향 선지식을 모두 만났습니다.

10회향은 보살 수행의 끝이면서 시작입니다. 보살의 정신은 중생을 버리
지 않고 공덕을 중생들에게 되돌려주는 정신입니다. 불교에서는 모든 신행생
활과 수행의 최종 단계에 이어지는 말이기도 하지만 궁극의 성취를 이루기 전
이라도 항상 이웃에게 베푸는 정신이 회향입니다.

십회향은 십바라밀의 몸體이 됩니다.

① 육향장자鬻香長者 – 구호일체중생이중생상회향 救護一切衆生離衆生
相廻向 : 중생을 구호하나 중생이라는 생각을 떠나서 이뤄지는 회향

② 바시라선사婆施羅船師 – 불괴회향不壞廻向 : 깨트릴 수 없는 회향

③ 무상승장자無上勝長者 – 등일체제불회향等一切諸佛廻向 : 모든 부처
님과 동등한 회향

④ 사자빈신비구니獅子頻申比丘尼 – 지일체처회향至一切處廻向 : 일체
의 모든 곳에 이르는 회향

⑤ 바수밀다녀婆須蜜多女 - 무진공덕장회향無盡功德藏廻向 : 다함 없
   는 공덕 창고 같은 회향

⑥ 비슬지라거사毘瑟祇羅居士 - 입일체평등선근회향入一切平等善根廻
   向 : 일체의 견고한 선근을 따르는 회향

⑦ 관자재보살觀自在菩薩 - 등수순일체중생회향等隨順一切衆生廻向 :
   평등한 마음으로 일체중생을 따르는 회향

⑧ 정취보살正趣菩薩 - 진여상회향眞如相廻向 : 진리의 본 모습과 같이
   선심으로 선근공덕을 회향

⑨ 대천신大天神 - 무박무착해탈회향無縛無著解脫廻向 : 속박도 집착도
   없는 해탈의 회향

⑩ 안주신安住神 - 입법계무량회향入法界無量廻向 : 법계와 같은 무량
   한 회향

수행과 공덕을 닦는 일은 쉽지 않습니다. 때로는 퇴굴심도 생기고 대
충 살고 싶은 절망감도 따르게 마련입니다. 그러나 꾸준히 닦아 가면 스
스로 변화를 알게 됩니다. 꼭 수행이 아니라도 세상 모든 일은 마음을 조
절하면 보다 즐겁고 유쾌하게 살아갈 수 있습니다.

위나라 동우라는 사람이 배움에 대해서 했던 말입니다.

학지삼여學之三餘

야자일지여夜者日之餘

동자세지여冬者歲之餘

우자청지여雨者晴之餘

배움에는 세 가지 여분이 있다.

첫째, 밤은 하루의 여분이요,

둘째, 겨울은 일 년의 여분이요,

셋째. 비오는 날은 맑은 날의 여분이다.

옛 스님들은 하루 해가 지면 다리를 뻗고 울었다 하고, 졸음이 오면 송곳으로 허벅지를 찌르며 공부했다고 합니다. 위의 세 가지 경우를 보면 어떤 경우라도 틈을 낼 수 있다는 말로, 시간이 없어 공부 못한다는 것은 통하지 않습니다. 어려워도 자꾸 노력하면 배우는 즐거움을 알게 됩니다. 이 기쁨은 무엇과도 바꿀 수 없습니다.

진晉나라 평공平公(기원전 558~532 재위) 때의 이야기입니다. 평공이 신하들을 물리 치고 난 후 홀로 오후의 한가한 시간을 보내면서 문득 거울을 비춰 보았는데, 귀 밑에 흰서리가 가득 내려있는 게 보였습니다. 평공은 저 멀리 앉아 있는 사광師曠 에게 일부러 다가가 한 마디 합니다.

"내 나이 일흔이니 공부를 하려해도 이미 저문 듯하구나."[吾年七十, 欲學, 恐已暮矣]

사광이 말했습니다.

"왜 촛불을 켜지 않으십니까?"[何不炳燭乎]

이어서 사광은 머리를 조아리며 다시 말했습니다.

소년호학 여일출지양少年好學 如日出之陽

장이호학 여일중지광壯而好學 如日中之光

노년호학 여병촉지명老年好學 如炳燭之明

어려서 공부를 좋아하는 것은 떠오르는 해와 같고,

장년에 공부를 좋아하는 것은 중천에 뜬 해와 같고,

노년에 공부를 좋아하는 것은 저녁에 촛불을 밝히는 것과 같다.

사광의 말에 평공이 느낀 바가 있었던가 봅니다.

"그렇구나!"[善哉]

촛불을 밝히고 가는 것이 어찌 캄캄한 길을 가는 것과 같겠습니까?
배움은 아무리 늦게 시작해도 좋은 일임을 잘 보여준 이야기입니다.

열두 번째 강설
너의 흐느낌이 답이다

●
●
●

바산바연주야신 婆珊婆演主夜神
보덕정광주야신 普德淨光主夜神
희목관찰중생신 喜目觀察衆生神
보구중생묘덕신 普救衆生妙德神
적정음해주야신 寂靜音海主夜神
수호일체주야신 守護一切主夜神
개부수화주야신 開敷樹華主夜神
대원정진력구호 大願精進力救護
묘덕원만구바녀 妙德圓滿瞿婆女

한 남자가 밤에 울고 있습니다.

"신이시여!"

그의 입술에서는 향기로운 기도가 계속되고 있습니다. 지나가던 사람이 빈정거립니다.

"당신이 소리치며 기도하는 것을 들었소. 도대체 신이 뭐라고 합디까?"

남자는 아무 대꾸도 할 수 없었습니다. 남자는 기도를 멈추고 어지러운 잠 속으로 곯아 떨어졌습니다. 그는 꿈속에서 짙은 초록에 둘러싸인 영혼의 안내자, 키드르Khidr(아랍어로 '푸른 존재'라는 뜻. 신적인 존재로 보이는 세계와 보이지 않는 세계의 경계에 서 있다고 한다)를 만났습니다.

"너는 왜 기도를 멈추었느냐?"

"아무런 답도 못 들었기 때문에 그랬습니다."

"네가 소리치던 그 바람이 곧 답이다."

-잘랄루딘 루미

🌼 바산바연주야신 婆珊婆演主夜神

선재가 바산바연주야신婆珊婆演主夜神을 찾아가니, 주야신은 허공 가운데 보배누각 향연화장 사자좌에 앉아 금색광명을 놓고 있었습니다. 선재는 보살의 광명이 모든 법을 두루 비추어 중생들의 어리석음을 무너뜨리는 법문을 얻습니다. 그러면서 게송으로 반복하여 가르쳐 줍니다.

"한량없고 수없는 겁 동안에 나는 언제나 큰 자비를 닦아 모든 중생들을 두루 감싸주나니, 선재여 빨리 자비를 갖추어야 한다."

이 주야신은 큰 자비를 닦아 중생들을 구제하기 때문에 선재에게도 그렇게 하라고 설했습니다. 이 주야신이 훌륭한 대자비를 갖추게 된 것은 많은 부처님을 모시고 오랫동안 공양한 까닭이며, 일체 중생의 미혹함을 미진 겁 동안 닦고 있음을 말해 줍니다.

바산바연주야신은 10지 중 제1 환희지歡喜地입니다.

◉ 보덕정광주야신 普德淨光主夜神

보덕정광주야신普德淨光主夜神은 선재를 보고 "나는 삼세 일체불과 청정국토와 모든 무리의 신통을 잘 안다."라고 말하며, 적멸정락정진寂滅定樂精進에 대한 법문을 설합니다.

보덕정광주야신은 10지 중 제2 이구지離垢地에 해당합니다.

◉ 희목관찰중생신 喜目觀察衆生神

선재는 이쯤에서 선지식은 만나기 어려운 인연임을 깊이 깨우칩니다.

선지식을 만나면 일체의 장애산이 무너지고 대자비의 바다에 들어가 대지혜광명을 얻을 수 있으며, 선지식이 바로 보리이고 정진이며 무너뜨릴 수 없는 힘이라는 확신을 하게 됩니다.

희목천喜目天은 집착이 없어 모든 허망함을 없애고, 세간의 즐거움에 집착하는 중생들을 위해 부처님의 법력을 나타냅니다. 선재는 희목천처럼 집착을 버리겠다는 서원을 했습니다.

희목관찰중생신은 10지 중 제3 발광지發光地입니다.

● 보구중생묘덕신 普救衆生妙德神

보구중생묘덕신普救衆生妙德神은 두 눈썹 사이에서 대광명을 놓고 있었습니다.

선재는 여기서 보살이 중생을 교화하는 법문과 더러움을 떠난 원만삼매를 얻습니다. 선재는 이 야신 곁에서 합장하고 머물러 잘 관찰하여 만족하지 않음이 없었으며, 한량없는 위신력을 보고 크게 환희하자 마음이 떨리기까지 했습니다.

보구중생묘덕신은 10지 중 제4 염혜지焰慧地에 해당됩니다.

◉ 적정음해주야신 寂靜音海主夜神

선재는 이 염부제의 마가다국 도량에 있는 적정음寂靜音의 야신에게서 한량없는 환희장엄의 법문을 받습니다.

야신은 화내는 이에게는 인내를, 게으른 이에게는 정진을, 마음이 산란한 이에게는 선정을, 어리석은 이에게는 지혜를 가르치며 육바라밀을 설명해 주었습니다.

선재가 어떤 수행을 하면 이 법문을 얻을 수 있는지를 묻자, 열 가지 바라밀을 닦으라고 합니다.

적정음해주야신은 10지 중 제5 난승지難勝地입니다.

〈십바라밀〉

① 단檀바라밀 : 보시에 아까운 마음이 없는 것

② 시尸바라밀 : 계율을 지키면서도 집착하지 않음

③ 찬제羼提바라밀 : 인욕행으로 마음에 흔들림이 없는 것

④ 비리야毘利耶바라밀 : 정진행으로 쉼 없이 닦아 나가는 것

⑤ 선禪바라밀 : 번뇌가 없는 청정삼매

⑥ 반야般若바라밀 : 가르침을 바르게 듣고 알아 반야를 성취하는 것

⑦ 방편方便바라밀 : 중생의 서원에 응하여 몸을 나타내고 교화하는 것

⑧ 원願바라밀 : 일체중생을 구제하고 부처님께 공양하며 보리를 구하는 원

⑨ 역力바라밀 : 번뇌를 떠나 청정하게 되고 자리이타의 힘을 갖추는 것

⑩ 지智바라밀 : 일체의 지혜를 성취하는 것

● 수호일체주야신 守護一切主夜神

선재가 적정음해주야신으로부터 "보살이 어떻게 보살행을 배우며 닦는가? 수호일체성의 주야신을 찾아가라"는 말을 듣고 찾아가니, 수호일체주야신守護一切主夜神이 다음과 같은 법문을 해 주었습니다.

"선남자여, 그대가 모든 중생들을 구호하기 위하여, 모든 부처님 세계를 깨끗이 장엄하기 위하여, 모든 여래께 공양하기 위하여, 불성을 수호하기 위하여 보살들의 수행하는 문을 묻는구나."

그리고 다시 수승한 보살의 일을 찬탄하여 들려 줍니다.

"선남자여, 나는 다만 이 매우 깊고 자유자재하고 묘한 음성의 해탈을 알고 세간 사람들로 하여금 부질없는 마음을 여의고 두 가지 말을 하지 아니하며, 진실한 말을 하고 청정한 말을 하게 할 뿐이니, 저 보살 마하살이 모든 말의 성품을 알아 생각 생각마다 모든 중생을 자유롭게 깨닫게 하며, 모든 중생들이 음성바다에 들어가서 온갖 말을 분명하게 하며, 모든 법문 바다를 다 분명하게 보며, 온갖 법을 모두 포섭한 다라니에 이미 자재하였으며, 잘 관찰하고 법륜을 성취한 연고이니 그런 일이야 내가

어떻게 알며 그 공덕행을 말하겠는가?"

수호일체주야신은 10지 중 제6 현전지現前地에 해당됩니다.

북제北齊의 문선제文宣帝(재위 550~559) 때 현의사顯義寺라는 큰 절에서 경전을 설하는 법회가 마련되어, 당시 『화엄경』 연구의 일인자인 승범僧範이 초청되었습니다. 승범의 겨울철 강의가 십지품의 제6 현전지에 이르렀을 때 기러기 한 마리가 날아와 겨우내 강의를 다 들은 후에 날아갔습니다. 여름에는 참새가 그랬고, 다른 지방에서의 강의에는 올빼미가 법문을 들었다고 합니다.

이 현전지에서 반야의 지혜가 나타나고, 「유심게唯心偈」가 설해집니다. "삼계는 허망하여 다만 이 마음이 지은 것이다." 이것이 「유심게」의 핵심입니다.

⚫ 개부수화주야신 開敷樹華主夜神

선재가 보살의 매우 깊고 자유자재한 묘한 음성의 해탈문에 들어가서 모든 나무의 꽃을 피우는 개부수화주야신開敷樹華主夜神을 찾아가서 법문을 듣습니다.

"선남자여, 세존이 옛적에 보살로 계실 때 모든 중생들이 탐내고 성내고 어리석은 소견으로 인해 빈궁하고 피곤하여 부처님이나 보살들을 만나지 못했다. 나는 이것을 알고 보살의 신통변화로 중생들을 두루 거두어 교화하고 성숙케 하여 갖가지 지혜와 복덕바다를 증장하느니라."

그러면서 큰 서원을 지닌 정진력의 주야신을 찾아가서 보살도를 물어보라고 합니다.

개부수화주야신은 10지 중 제7 원행지遠行地에 해당합니다.

원행지에 들기 위해서는 10가지 묘행妙行을 닦아야만 합니다. 이 세상에는 두 가지 세계가 있습니다. 하나는 깨끗한 세계이고, 다른 하나는 더러운 세계입니다. 그 두 세계의 중간을 지나기가 매우 어렵기 때문에 묘행을 닦아야 합니다.

중생들은 더럽고 악으로 물든 세상에 살기 때문에 그들을 구제하려면 더러움 속으로 들어가야 합니다. 그러나 더러움 속에 들어갔어도 물들지 않아야 합니다. 그 세계를 지나려면 신통과 원력을 갖추지 않으면 어렵습니다.

⚫ 대원정진력구호 大願精進力救護

선재동자가 대원정진력주야신을 찾아갔습니다. 이 주야신은 중생들의 마음을 볼 수 있는 몸으로 나투고, 부처님 계신 데에서 예배하는 몸으로 나투고, 부처님의 법을 받아 지니고 잊지 않는 몸으로 나투고, 보살의 큰 서원을 이룩하는 몸으로 나투고, 광명이 시방에 가득한 몸으로 나투고, 법의 등불로 세상의 어둠을 두루 없애는 몸으로 나투고 있었습니다.

대원정진력주야신은 10지 중 제8 부동지不動地에 해당합니다.

부동지는 수행이 완성되어 더 이상 흔들림이 없이 저절로 보살행을 행하는 경지입니다. 부동지에 들어간 보살을 심행深行보살이라 합니다. 세간의 모든 사람들이 그를 측량할 수 없기 때문입니다. 그는 일체의 모양을 떠나고, 일체의 생각을 떠나고, 일체의 집착을 떠났으므로 어떠한 성문과 벽지불도 그를 파괴할 수 없습니다. 사람도 의지가 확고하면 흔들리지 않습니다. 이 경지는 금강석처럼 견고한 지혜를 갖기 때문에 움직여지지 않으므로 부전지不轉地라고도 합니다. 그리고 그 부동의 힘은 바로 선정에서 생겨납니다.

● 묘덕원만구바녀 妙德圓滿瞿婆女

선재가 다시 묘덕신妙德神이 머물고 있는 남비니원에 이르러 보살도를 묻자, 묘덕신이 다음과 같이 법을 설해 줍니다.

"선남자여, 보살은 평등한 광명으로 태어나나니, 이 보살이 '여러 가지 행을 구족하고 중생을 널리 교화하되, 모든 가진 것을 능히 버리고 부처님의 청정한 계율에 머물며, 참는 법을 구족하여 부처님의 법인法忍의 광명을 얻으며, 깨끗한 지혜가 원만하여 지혜의 해로 모든 법을 다 밝히며, 장애 없는 눈을 얻어서 진실한 법의 성품에 들어가게 하여지이다' 하느니라."

묘덕신은 10지 중 제9 선혜지善慧地에 해당합니다.

보살의 9지는 지혜가 뛰어나서 어떠한 곳에서도 가르침을 설할 수 있습니다. 경장經藏(경전의 창고)에 깊이 들어가기 때문입니다.

우리가 불법을 이해하지 못하는 것은 그 경전의 창고에 깊이 들어가지 않기 때문입니다. 진귀한 보물일수록 깊은 곳에 감춰둡니다. 그 보물을 손에 넣으려면 깊은 곳까지 들어갈 각오가 되어 있어야 합니다.

불보살님들은 모두 이 보살의 지위를 넘어섰기 때문에 중생들의 모든 근기, 모든 마음, 모든 욕망, 그리고 갖가지 모든 이치를 잘 알기 때문에 상황에 맞는 설법을 해줍니다.

9지의 보살은 사무애변四無礙辯으로 설법합니다.

〈사무애변〉

① 법法무애변 : 가르침에 관해 막힘이 없는 것

② 의義무애변 : 가르침의 내용을 잘 알아 막힘이 없는 것

③ 사辭무애변 : 여러 말에 능통하여 자재로 구사하는 것

④ 요설樂說무애변 : 이와 같은 3가지 이상의 지혜로써 설법에 자재한 것

이 중에 어느 하나만 부족해도 설법이 자유자재로 안 됩니다.

선재는 묘덕신으로부터 가비라성의 석釋씨 여자인 구바瞿婆에게 가서 보살이 나고 죽는 속에서 어떻게 중생을 교화하는지 물어보라는 말을 듣습니다.

구바녀를 찾아간 선재는 "마음의 광대한 서원을 버리지 않고, 방편문에 들어가 여래의 큰 공덕 바다를 성취하였고, 묘한 변재를 얻어 중생을 조복시키고, 거룩한 지혜의 몸을 얻어 항상 수행하고, 모든 중생의 마음과 행이 차별함을 알아 불도에 나아가는가?"라고 묻습니다.

이에 구바녀가 법을 설해줍니다.

"선남자여, 만약 보살이 법을 성취하면 인드라 그물 같은 넓은 지혜광명인 보살의 행이 원만해지리라. 이른바 선지식을 의지하는 연고이며, 청정한 욕망을 얻는 연고이며, 지혜를 얻는 연고이며, 부처님의 법을 듣는 연고이며, 항상 세상 부처님을 버리지 않는 연고이며, 모든 여래가 보호하고 염려하는 연고이며, 생사를 모두 끊는 연고이니, 이것이 열반을 성취하는 것이니라."

구바녀는 10지 중 제10 법운지法雲地에 해당합니다.

법운지는 법의 구름이 감로의 비를 내리는 것과 설법으로써 진리의
비를 내리게 하는 구름과 같다는 말입니다. 법운지에 머물면 한 부처님이
내리는 큰 광명의 비를 잘 맞으며, 두 부처님이나 세 부처님, 내지는 이루
헤아릴 수 없는 부처님이 일으키는 큰 법의 구름과 비도 다 능히 맞아 들
일 수 있습니다. 여기서 '맞는다' 는 말은 '이해하고 받아들일 수 있다' 는
뜻입니다.

또한 10지의 보살은 자재력을 갖습니다. 보살이 이 지위에 머물면 지
혜로써 최상의 자재한 힘을 얻어, 국토를 늘이기도 줄이기도 하고, 청정
하게 하거나 깨끗하게 하는 위신력이 있습니다.

옛날에는 상투에 꽂는 계명주髻明珠라는 보물이 있었습니다. 옛 사람
들은 금이나 은 같은 보석을 몸에 지니면 악귀를 물리친다는 믿음이 있어
서 몸에 지녔습니다.

신라 원성왕이 지해스님을 모셔다가 분황사에서 『화엄경』 산림법회
를 열었습니다. 그 스님은 항상 묘정이라는 시봉을 데리고 다녔습니다.
묘정은 시봉을 드는 한편 사시巳時 마지불기를 물가에 가서 씻곤 했었는
데, 그때마다 거북이 한 마리가 물 위로 고개를 내민 것을 보고는 밥풀을
먹여 주었습니다.
이윽고 경전산림이 끝나갈 무렵 거북이를 보고 "세상 만물은 모두 은혜

를 아는데 너는 나에게 무엇으로 갚을 테냐?"라고 농담을 한마디 했습니다.

마지막 날 거북이가 물속에서 나오더니 입에서 뭔가를 토해냈는데, 다름 아닌 수정구슬이었습니다. 묘정이 아무에게도 말을 하지 않고 그 구슬을 허리춤에 숨겨서 차고 다녔습니다. 그런데 신기하게도 그 후로 묘정을 보는 사람마다 좋아서 어쩔 줄 몰라 했습니다. 왕 또한 이유 없이 묘정이 좋아져서 자주 찾곤 했는데 그럴수록 그는 구슬을 더욱 소중히 간직하였습니다.

마침 나라에서는 중국에 사신을 보낼 일이 있어 왕은 묘정을 딸려 보냈습니다. 중국에서도 보는 사람마다 묘정을 좋아해서, 이것을 이상하게 여긴 관리 하나가 문득 묘정의 몸을 뒤져 구슬을 찾아냈습니다. 이것을 왕에게 바쳤더니 반색을 하며 자신이 가지고 있는 4개의 구슬 중에 잃어버린 하나라며 돌려주지 않았습니다. 그런데 그 구슬을 잃고 난 후로는 묘정을 봐도 사람들은 무관심해졌다고 합니다.

몸에 구슬을 하나 지닌 것으로도 이런 변화가 생겨났습니다. 그러나 불자들은 값을 매길 수 없는[無價寶] 보물을 하나씩 가지고 있음을 알아야 합니다. '관세음보살' 같은 불보살님들의 명호, '이 뭣고' 화두 하나, 매일 수지 독송하는 경전의 구절구절이 무가보의 구슬입니다.

조개가 오랜 시간 자신의 속살을 쓸어안으며 진주를 만들어 내듯이 이런 갖가지 기도와 수행하는 자세가 자신의 보물을 만들어 냅니다. 굳이 내 안의 보물을 두고 구걸에 나설 이유가 없는 것입니다.

부처님은 길 위의 수행자였습니다. 어느 한 곳에 머무르시기보다는 여러 곳으로 다니시면서 교화를 하셨습니다.

또한 부처님은 계율을 미리 제정하지 않으셨습니다. 이것은 다른 종교의 율법과 다른 면이기도 합니다. 예를 들어 어떤 비구가 별난 행동을 했다고 하면, 그것이 승가의 위의威儀에 어울리는 행동인지 의문이 생긴 누군가가 부처님께 사실을 여쭙고, 부처님은 그 행동이 보편적으로 일어날 일인지 판단한 다음, 해서는 안 될 일이라면 금하도록 한 것입니다. 그것이 곧 계율로 된 것입니다. 잘못된 행동이 있으면 그때서야 말씀하셨지, 미리 행동을 예측하여 규범을 만들지 않으셨습니다. 이것은 불교의 중요한 정신 중에 하나입니다.

어떤 정사精舍에 도착하시든 시자인 아난존자에게는 고정적인 소임이 있었습니다. 그것은 하루에 두세 차례 비구들의 거처를 돌아보는 일이었습니다. 그렇게 해야 혹 정당한 일이 아니면 부처님께 말씀드려 시정을 할 수 있었기 때문입니다.

하루는 부처님께서 직접 앞장서서 걷기 시작하였습니다. 정사의 한쪽 끝에 다다랐을 무렵, 한 움막에서 역겨운 냄새가 심하게 진동하는 것이었습니다. 발길이 자연스레 그곳으로 옮겨졌고, 부처님은 아난존자를 데리고 움막 안으로 들어가셨습니다. 안은 어두웠고, 흙바닥에 병든 비구가 신음하고 있었지만, 아무도 돌봐 주지 않는지 배설물까지 여기저기 뒹굴고 있었습니다. 거동을 못하는 비구는 마실 물 한 방울도 없는 상태였습니다.

"아난아, 물을 길어 오거라. 이 비구를 씻겨 주자꾸나."

아난이 물을 길어 왔습니다. 부처님이 손수 비구의 몸을 일으켜가며 구석구석 씻

기자, 제자들도 거들기 시작했습니다. 악취가 풍기는 가사를 빨고, 안을 치운 다음, 새로 마련한 자리에 눕히고 난 부처님의 눈에는 눈물이 고여 있었습니다. 다음날 대중의 모임에서 부처님은 그 일을 말씀하셨습니다.

"비구들이여, 저쪽 끝의 작은 움막에 병든 비구를 아느냐?"

"알고 있습니다."

"그를 간호하는 이가 있느냐?"

"아무도 없습니다."

"그 이유가 무엇이라고 생각하느냐?"

"그가 평소 남을 간호하거나 도와준 적이 없기 때문입니다."

잠시 후 다시 말씀을 이으셨습니다.

"비구들이여! 너희들이 건강하지 못하여 병이 났을 때 간호해 줄 가족은 옆에 없다. 서로가 도와주지 않으면 누가 도와주겠느냐? 나의 제자들아! 나를 간호하고 공양하고 싶은 이는 병든 비구를 먼저 살피도록 하라."

마음을 잘 쓰지 못한 이의 외로운 처지, 그렇지만 부처님 제자들은 서로 돕고 의지해야 한다는 가르침입니다. 이런 것을 생각하면 마음이 무거워집니다.

이렇게 해서 선재는 10지 선지식을 모두 만났습니다.

정리하면 다음과 같습니다.

① 바산바연저주야신婆珊婆演底主夜神 – 환희지歡喜地 : 광대한 서원
을 발하고,

② 보덕정광주야신普德淨光主夜神 – 이구지離垢地 : 계율을 지키며,

③ 희목관찰중생주야신喜目觀察衆生主夜神 – 발광지發光地 : 선정禪定
을 닦고,

④ 보구중생묘덕주야신普救衆生妙德主夜神 – 염혜지焰慧地 : 도행을 닦
고,

⑤ 적정음해주야신寂靜音海主夜神 – 난승지難勝地 : 방편의 지혜를 익
히며,

⑥ 수호일체성주야신守護一切城主夜神 – 현전지現前地 : 깊고 미묘한
인연을 알고,

⑦ 개부일체수화주야신開敷一切樹華主夜神 – 원행지遠行地 : 신통변화
로 중생을 교화하고 복덕을 증장

⑧ 대원정진력주야신大願精進力主夜神 – 부동지不動地 : 세간을 장엄하
는 신통력을 발하며,

⑨ 묘덕신妙德神 – 선혜지善慧地 : 지혜의 빛으로 일체를 비추고,

⑩ 구바녀瞿波女 – 법운지法雲地 : 부처님의 큰 법의 비와 구름을 받게
됩니다.

열세 번째 강설

나는 가진 게 없다

• • •

마야부인천주광 摩耶夫人天主光
변우동자중예각 遍友童子衆藝覺
현승견고해탈장 賢勝堅固解脫長

옛날 어떤 왕이 중병이 들어 신음하고 있었는데, 의사는 오래 살 가망이 없다고 말했습니다. 비통한 분위기에 빠져 있던 왕궁에 한 선지자가 왔습니다. 그때 누군가 말했습니다.

"사람들이 그 사람의 축복을 받으면 아픈 사람조차도 낫는다고 합니다."

그들은 그 선지자를 모셔와 왕에게 보였습니다. 그가 왕을 본 순간 큰 소리로 말했습니다.

"당신들 미쳤소? 이것이 당신들이 병이라고 부르는 것이요? 왕이시여, 이건 병이 아닙니다. 이것은 아주 간단한 치료면 됩니다."

왕은 귀가 번쩍 뜨였습니다.

"어떤 치료를 하면 되는가? 난 포기하고 있었는데 그 방법이 있다면 말해주시오!"

선지자가 말했습니다.

"아주 쉬운 치료법입니다. 이 나라에서 부유하면서 평화로운 자의 외투를 가져오도록 하십시오. 왕이시여, 당신은 그 옷을 입어야 합니다. 그렇게만 한다면 더 오래 살 것입니다."

신하들은 희망에 차서 밖으로 나갔습니다. 왕궁 밖에는 많은 사람들이 살고 있었고, 그들은 집집마다 돌아다니며 부탁하기 시작했습니다. 우선 부유한 집을 찾았습니다.

"왕을 살리는 유일한 방법이요. 우리는 부유하면서 평화로운 자의 외투를 원하오."

그러자 부유해 보이는 사람은 사정이 달랐습니다.

"사람들이 나를 보고 부유하다며 부러워하지만 사실 나는 행복하지 않소이다. 왕을 살리는 일이니 무엇이든 할 수 있지만, 우리의 외투는 힘이 되지 않을 것입니다. 나는 부유하지만 평화롭지는 않거든요."

벌써 여러 날을 마을마다 돌아다니며 찾아보았지만 더 이상 희망이 없었습니다. 간단한 치료라 생각하고 시작했는데, 부유한 모든 사람들마다 비슷한 얘기를 했습니다. 결국 왕궁으로 돌아갈 수밖에 없었습니다.

슬픔에 젖어 돌아가는 길에 날이 저물었습니다. 일행이 어느 강가에 다다랐을 때, 어디선가 행복에 젖은 평화로운 느낌을 주는 피리소리가 들려오는 것이었습니다. 신하들은 어둠 속에서 피리를 불고 있는 사람에게 다가가 말을 건넸습니다.

"그대의 피리소리는 축복과 평화로 가득 차 있습니다. 우리는 왕궁에서 나온 사람들로 당신에게 부탁을 드려야 할 것 같구려. 왕이 아픈데, 당신의 외투가 필요하오."

어둠 속의 사람이 말했습니다.

"왕의 치료를 위해서라면 내 목숨이라도 줄 수가 있소. 그러나 가까이 와서 보시오."

신하들이 가까이 다가갔습니다.

어둠 속의 그 사람은 벌거숭이였습니다.

부처님은 "업은 의지력이다"라고 말합니다. 한 사람이 겪게 되는 고통과 행복은 그 자신이 쌓아온 몸과 말과 생각으로 지은 행위의 영향입니다. 뿌린 대로 거두게 됩니다. 현재의 우리는 과거 우리 모습의 결과이며, 미래의 우리는 현재 우리 모습의 결과입니다. 그래서 좋은 행동, 좋은 동기를 가져야합니다.

불교에서는 좋은 동기가 좋은 결과를 가져온다고 가르칩니다. 무엇보다 탐욕의 마음을 잘 지켜보고 이해하는 노력이 필요합니다. 그 욕망의 본질을 알아야 그것으로부터 자유로워질 수 있습니다. 사람을 비롯해 모든 생명체는 고유한 방식으로 살아갑니다. 남에겐 터무니없어 보일지라도 정작 당사자에게는 당위성을 갖기 때문에 자신과 남의 욕망을 바르게 인식하기에는 많은 어려움이 따릅니다.

이러한 것에서 일의 본질을 꿰뚫어보는 지혜가 필요합니다. 이 지혜가 있어야 바른 가르침을 닦을 수 있습니다.

평일불소향 임시포불각平日不燒香 臨時抱佛脚
한가할 때 향불 하나 피우지 않더니
급해지자 부처님 다리를 붙들고 늘어지네

중생은 짧은 생각으로 살기 때문에 조금만 유리하면 교만해지고, 조금만 불리해져도 허둥대며 근심합니다. 평소에는 향 하나도 피울 줄 모르다가 급해지면 부처님 다리를 붙잡고 늘어진다는 말이 참 멋있게 들립니다.

'임臨'은 일이 임박하다는 뜻입니다. 어떤 일이 당도하면 긴장하게 되고, 안 좋은 일이라면 황망하여 정신을 못 차리게 됩니다. 그래서 기도도 평소에 조금씩 쌓아두면 급할 때 다 쓰임새가 있습니다.

일상생활에서 틈틈이 『화엄경』 「약찬게」를 외우시기 바랍니다. 책을 보지 않고 줄줄 외워야 합니다. 집에서건, 산책을 가건, 누구를 기다리건, 차를 타고 가는 동안에도 자꾸 외우셔야 합니다. 이렇게 평소에 하는 기도는 즐겁고, 급할 때 반드시 힘을 발휘합니다.

● 마야부인천주광 摩耶夫人天主光

선재가 마야부인이 계시는 천상에 도착하자 성城을 주관하는 보안寶
眼이라는 신이 허공에 현신해 선재에게 말했습니다.

"선남자여, 마땅히 마음성[心城]을 지켜 생사의 경계를 탐하지 말아야
한다. 마음성을 장엄해 오로지 여래의 열 가지 힘을 구해야 하며, 마음성
을 깨끗이 다스려 인색과 질투와 아첨과 속이는 일을 끝까지 끊어야 하
며, 마음성을 시원하게 해 모든 법의 실다운 성질을 생각해야 한다. 또 마
음성을 키워서 도를 돕는 모든 법을 마련해야 하며, 마음성을 잘 단장해
선정과 해탈의 궁전을 지어야 하며, 마음성을 밝게 비추어 모든 부처님의
도량에 두루 들어가 반야바라밀법을 들어야 한다.

또 마음성을 더 쌓아 모든 부처님의 방편도를 널리 거두어야 하며, 마
음성을 튼튼하게 해 항상 부지런히 보현의 행원을 닦아 익혀야 하며, 마
음성을 방어해 나쁜 벗과 마군을 항상 막아야 하며, 마음성을 훤칠하게
해 부처님의 지혜 광명을 이끌어 들여야 하며, 마음성을 잘 보수해 부처
님이 말씀하신 법을 들어야 하며, 마음성을 붙들고 도와 부처님의 공덕을
깊이 믿어야 한다.

또 마음성을 광대하게 하여 세간에 큰 자비가 널리 미치도록 해야 하
며, 마음성을 잘 덮어 많은 착한 법을 모아 그 위에 덮어야 하며, 마음성
을 더욱 넓혀 중생을 대비로 가엾이 여겨야 하며, 마음성의 문을 활짝 열

어 소유를 모두 버려 알맞게 보시해야 하며, 마음성을 치밀하게 보호해 나쁜 욕망을 막아 들어오지 못하도록 해야 한다.

불자여, 보살마하살이 이와 같이 마음성을 맑게 닦으면 모든 착한 법을 잘 모을 수 있을 것이다. 왜냐하면 여러 가지 장애가 되는 일을 없애기 때문이다. 그런 장애가 없어야 선지식을 찾으려 할 때 큰 힘을 들이지 않고도 곧 만날 수 있고 마침내는 성불하게 된다."

그때 연화법덕蓮華法德과 묘화광명妙華光明 신중신身衆神이 무수한 신들에 둘러싸여 공중에 머물러 있으면서, 선재동자 앞에서 아름다운 음성으로 마야부인을 갖가지로 찬탄했습니다. 귀고리에서 가지각색 눈부신 광명을 놓으니 끝없는 부처님 세계를 널리 비추어, 선재동자에게 시방의 국토와 부처님들을 보게 한 것이 다 뜻이 있습니다.

선재동자는 곧 맑고 밝은 눈을 얻었는데, 어리석은 어둠을 떠났기 때문입니다. 가리지 않는 눈을 얻었으니 중생의 성질을 잘 알기 때문이며, 때를 벗은 눈을 얻었으니 법성의 문을 관찰하기 때문이며, 맑은 지혜의 눈을 얻었으니 불국토의 성질을 관찰하기 때문이며, 비로자나의 눈을 얻었으니 부처님의 법신을 보기 때문이며, 넓고 밝은 눈을 얻었으니 부처님의 평등불가사의한 몸을 보기 때문입니다.

마야부인은 자신이 셀 수 없는 과거 생으로부터 발원하고 공덕을 지은 결과로 모든 부처님이 세상에 태어날 때마다 어머니가 됨을 설명합니다.

"내가 원을 세운 후로 이 부처님 세존은 시방세계의 여러 갈래 길에서 곳곳마다 태어나 선근을 심고 보살행을 닦아 모든 중생을 가르치고 성취시켰다. 그리고 일부러 최후신으로 있으면서 순간순간 모든 세계에서 보살로 태어나는 신통변화를 나타낼 때마다 이 부처님은 항상 내 아들이 되었고 나는 항상 이 부처님의 어머니가 되었다. 지난 세상이나 지금 세상에서 시방세계의 한없는 부처님이 성불하고자 할 때 큰 광명을 놓아 내 몸과 내가 있는 궁전에 비추었으며 그가 마지막으로 태어날 때까지 나는 그의 어머니가 되었다."

이 세계의 33천에 정념正念이라는 왕이 있고, 그 왕에게 딸이 있는데 이름이 천주광天主光입니다. 선재동자가 만난 마흔세 번째 선지식인 천주광 왕녀는 보살의 해탈을 얻었는데, 이름이 걸림 없는 생각의 청정한 장엄입니다. 천주광은 이 해탈의 힘으로 지난 세상일을 기억하는 신통력을 구족하고 있습니다. 천주광은 선재에게 헤아릴 수 없이 많은 부처님께 공양을 올려 걸림 없는 생각의 청정한 해탈을 얻었음을 알려주면서 일체처에 공양을 올릴 것을 당부합니다.

마야부인摩耶夫人은 부처님의 어머니입니다. 위인을 낳은 어머니들은 보통 사람과 다른 특별한 점이 있습니다. 하물며 일체중생을 구제하시는 부처님께서 마야부인의 몸을 의지하여 태어나신 인연이야 어떻게 헤아릴 수 있겠습니까?

마야부인이 부처님을 잉태하고서 좋은 인연을 심어주기 위해 다음과 같이 정반왕에게 청을 했습니다.

"중생을 해치지 않음을 제 몸 사랑하듯하며, 몸과 말과 뜻의 세 가지 업으로 열 가지 선을 항상 닦고 익히며, 시샘과 간사한 마음을 멀리 하고, 모든 죄수들을 용서하여 그들을 내보내어 감옥을 비우게 하시며, 이레 낮 이레 밤 동안 널리 보시를 행하여 가난한 이 구제하여 만족하게 하소서."

이런 발원이 있었기에 부처님을 낳은 인연이 이뤄졌습니다.

● 변우동자중예각 遍友童子衆藝覺

선재는 천궁에서 내려와 가비라성으로 갑니다. 변우동자遍友童子 앞으로 나아가 절을 하고 합장을 한 선재가 말했습니다.

"성자이시어, 저는 이미 위없는 보리심을 발했지만, 보살이 어떻게 보살행을 배우며 보살도를 닦는지 알지 못합니다. 저에게 말씀해 주소서."

변우동자가 대답했습니다.

"선남자여, 나는 보살의 해탈을 얻었는데 이름이 '여러 예능을 잘 아는 이[善知衆藝]'이다. 나는 항상 이 다섯 자모字母를 부른다. '아'자를 부를 때 반야바라밀문에 들어가니, 이름이 보살의 위력으로 차별이 없는 경지에 들어감이다. '타'자를 부를 때 반야바라밀문에 들어가니, 이름이 가 없는 차별문이다. '파'자를 부를 때 반야바라밀문에 들어가니, 이름이 법계에 두루 비침이다. '차'자를 부를 때 반야바라밀문에 들어가니, 이름이 넓은 바퀴로 차별을 끊음이다. '나' 자를 부를 때 반야바라밀문에 들어가니, 이름이 의지한 데 없고 위가 없음을 얻음이다. 선남자여, 내가 이런 자모를 부를 때 42 반야바라밀문을 머리로 삼아 무량무수 반야바라밀문에 들어간다."

🌸 현승견고해탈장 賢勝堅固解脫長

선재가 현승청신녀賢勝淸信女가 있는 성으로 찾아가자, 현승녀가 말합니다.

"선남자여, 나는 보살의 해탈을 얻었는데 이름이 의지할 데 없는 도량이다. 나는 다함없는 삼매를 얻었는데 일체지의 성품인 눈을 내는 일이 다함없기 때문이다. 또 일체지의 성품인 귀를 내는 일이 다함없기 때문이며, 일체지의 성품인 코와 혀와 몸과 뜻을 내는 일이 다함없기 때문이며, 일체지의 성품인 공덕 파도를 내는 일이 다함없기 때문이며, 일체지의 성품인 지혜 광명을 내는 일이 다함없기 때문이다."

이것은 안으로 일체인식의 성품인 안·이·비·설·신·의를 잘 제어하여 욕망을 절제하고 밖으로 중생을 이롭게 하는 보살행이며 보살의 가야할 길임을 설하여 주고 있습니다.

선재가 다시 견고해탈장자堅固解脫長子를 찾아갔습니다. 장자가 선재를 향해 말했습니다.

"선남자여, 나는 보살의 해탈을 얻었는데, 집착된 생각이 없는 청정장엄[無著念淸淨莊嚴]이다. 내가 이 해탈을 얻은 뒤부터 시방의 부처님 처소에서 정법을 부지런히 찾아 쉬지 않았다. 선남자여, 나는 다만 이 집착된 생각이 없는 청정장엄 해탈을 알 뿐이다. 그러나 저 보살 마하살들이 두려울 것 없음[無所畏]을 얻어 크게 사자후를 토하며 광대한 복과 지혜의 무더기에 안주하는 일이야 내가 어떻게 알며 그 공덕의 행을 말할 수 있겠는가."

그러면서 다음 법은 묘월장자에게 물어보라고 합니다.

선재동자 구법여행의 핵심은 '어떻게 보살행을 배우며 닦느냐'는 것입니다. 보살행의 꽃은 자비심입니다. 뿌리도 자비심이고, 열매도 자비심입니다. 토양도, 줄기도, 공기도, 바람도 모두 자비심으로 일관됩니다.

아유일권경我有一卷經
불인지묵성不因紙墨成
전개무일자展開無一字
상방대광명常放大光明
사람마다 한 권의 경전이 있는데,
종이나 활자로 된 게 아니다.

펼쳐 보면 글자 하나 없지만,

항상 환한 빛을 놓고 있다네.

─ 『화엄경』

일본 교토의 오바쿠 사寺에는 경판이 모셔져 있는데, 이것이 일본 최초의 목각판이라 합니다.

신도인 데츠겐은 목판에 불경을 새기는 불사를 하고 싶었습니다. 대략 7천 장이 소요될 것 같았고, 그는 불사 자금을 모으기 위해 전국으로 화주를 나섰습니다. 어떤 이들은 많은 금화를 내놓기도 했지만, 대부분의 사람들은 십시일반으로 동참하였습니다.

그렇게 십 년이 지나자 대략의 자금이 모아져 일에 착수하려는 찰나에 우지 강江이 범람하는 일이 생겼습니다. 데츠겐은 망설이지 않고 수재민들을 구제하는 데 모은 돈을 써버린 후, 다시 화주를 시작하였습니다.

몇 년이 흘러 돈이 어느 정도 모였을 때, 이번에는 전염병이 발생하여 나라가 혼란에 빠지는 일이 벌어졌습니다. 그는 병자들 치료를 위해 또다시 돈을 전부 내놓았습니다.

이제 세 번째로 시주를 받으러 다녔는데, 이번에는 별 문제없이 거의 이십 년 만에 소원을 이룰 수 있었습니다. 일본 사람들은 지금도 그 경전에 대해 이렇게 대물려가며 아이들에게 얘기한다고 합니다.

"데츠겐은 경전을 세 벌 만들었지. 처음 두 벌은 볼 수 없는 경전이지만 현존하는 세 번째 경전보다 훨씬 더 훌륭하단다."

수행의 시작과 끝은 여섯 가지 감각[六根]을 어떻게 다스리느냐는 것입니다. 여섯 가지란 눈[眼]·귀[耳]·코[鼻]·혀[舌]·몸[身]·뜻[意] 입니다. 이 육근은 모양[色]·소리[聲]·냄새[香]·맛[味]·감촉[觸]·관념[法]을 인식하며 분별하는 작용을 합니다. 육근을 통해 감정으로 발달해가는 과정입니다. 그런데 여섯 가지 감각기관이란 마치 여섯 가지 짐승의 성향이 각각 다른 것과 같습니다.

부처님께서는 이런 비유로 말씀을 하셨습니다.

"어떤 사람이 개, 여우, 원숭이, 물고기, 독사, 새를 잡아 밧줄에 묶어 한곳에 놓아 두면 그것들은 각각 성향이 달라서 서로 가고 싶은 곳으로 가고자 할 것이다. 즉 개는 마을로 달아나고 싶어 하고, 여우는 무덤 사이로 가고 싶어 하고, 원숭이는 숲으로 가고 싶어 하고, 물고기는 물로 가고 싶어 하고, 독사는 구멍 속으로 들어 가고 싶어 하고, 새는 공중으로 날아가고 싶어 한다.

그러나 그 여섯 가지 짐승은 단단히 한 곳에 매어 두면 아무데도 가지 못하고 움 직이지 못한다. 그것들은 그곳을 떠날 수 없으므로 거기에 있게 되는 것이다.

여섯 가지 감각도 이와 같이 제각각 좋거나 나쁜 것에 따라 하고 싶은 것이 다르 지만, 그때 수행자는 그것을 한곳에 매어 둔다. 그렇게 뜻을 온전히 하여 어지럽 게 하지 않으면 악마 파피야스[마왕 파순魔王波旬, Papiyas, '그 이상 없이 나쁜 놈'이 라는 뜻]도 침투할 틈이 없어서 어쩌지 못한다. 그렇게 되면 수행자는 온갖 공덕을 성취하게 되는 것이다. 수행자들은 이와 같이 공부해나가야 한다."

열네 번째 강설
손에 쥔 네 구슬을 모르느냐

●
●
●

묘월장자무승군 妙月長子無勝軍
최적정바라문자 最寂靜婆羅門者
덕생동자유덕녀 德生童子有德女
미륵보살문수등 彌勒菩薩文殊等

사방은 고통으로 가득 차 있고
이 세상은 덧없이 변해가네.
재주가 있으나 벽촌에 묻혀 있고
세도가 기울어 대문 빗장 닫아 걸었네.
해가 떠도 바위굴은 오히려 컴컴하고
안개 걷혀도 골짜기는 아직 어둡네.
그 가운데 사는 억만장자의 아들들이여

우리 모두는 바지 한 벌조차도 없네.

이것은 중국 당대 한산의 시입니다.

캄캄한 동굴 속에 있으면서도 우리는 행복하다고 말합니다. 덧없는 것을 영원할 것이라 믿고 더 구하기 위해 목숨을 겁니다. 그러나 우리는 본래 억만장자의 아들입니다. 그런데도 자기 안의 보물을 모르고 밖으로 구걸을 나섭니다. 입고 있는 바지 한 벌이 전 재산이라고 착각합니다. 내 안의 보물에 눈뜨면 구걸을 멈출 수 있습니다. 마음의 눈을 떠야 합니다. 눈뜨면 부처님 자비광명의 세계입니다.

우리가 『화엄경』「약찬게」를 공부하는 이유도 여기에 있습니다. 배우고 따라하면 분명 더 행복해집니다. 이 행복은 나누면 더 커지게 되어 있습니다.

부처님 당시에 한 여자 거지가 있었습니다. 모든 거지가 그렇지만, 이 여자 거지도 물질은 물론 마음까지 가난했습니다. 그 가난은 베풂에 대한 생각을 한 번도 해보지 못했음을 말합니다. 그녀는 너무나 많은 것을 바랐고, 그 욕심이 그녀를 더욱 가난하게 했습니다.

어느 날 그 여자는 부처님께서 아나타핀디카라는 사람의 초대를 받았다는 소식을 듣게 되었습니다. 아나타핀디카는 굉장한 부자이면서 기부를 좋아했습니다. 여자 거지는 부처님을 따라가기로 했습니다. 부처님은 자비로우시기 때문에 옆에 있으면 무엇이든 얻을 수 있으리라 여겼기 때문입니다.

그녀는 대중이 공양을 받는 자리에서 멀리 떨어진 한 귀퉁이에 서성이며 부처님께서 자신을 봐주시기를 기다렸습니다.

부처님께서 알면서도 물었습니다.

"무엇을 원하느냐?"

그녀가 말했습니다.

"먹을 것을 주십시오. 부처님께서 가지고 계시는 무엇이든 주십시오."

부처님께서 말씀하셨습니다.

"너는 먼저 '아니다'고 말해야 한다. 내가 주는 것을 그대는 거절부터 해야 한다."

그러면서 부처님은 음식을 여자 거지 앞에 내미셨습니다.

음식을 본 그녀는 '아닙니다.' 하고 말하기가 너무나 어려웠습니다. 그 여자는 평생 그런 말을 해 본 적이 없었습니다. 받는 것에는 익숙했지만 거절하기가 이토록 어려운지 미처 몰랐던 것입니다. 간신히 말을 했더니 약속대로 부처님은 음식을 나눠 주셨습니다.

그 여자 거지는 음식을 받아 나오면서 곰곰이 생각해 봤습니다. 자신의 배고픔은 단순히 음식 때문이 아니었습니다. 뭐든지 얻으려하고, 소유하고, 끝없이 바라기만 하는 욕망이 진정한 가난이고 배고픔이었음을 알 수 있었습니다.

보시의 핵심은 바로 이런 소유욕과 끝없는 욕심으로부터 자신을 자유롭게 하는 데 있습니다. 소유욕은 심리적 허기입니다. 소유하고자 하는 마음, 소유한 물질에 대한 집착, 반드시 나의 것으로 만들겠다는 깊은 욕심입니다. 자신의 평화롭지 못한 마음, 친척이나 이웃과의 불화가 결국은 소유에 대한 이해관계에서 비롯됩니다. 그리고 이 마음을 적절히 조절하지 못하면 항상 긴장과 번민 속에서 살아가게 됩니다.

경전을 공부하는 사람은 배우기 전과 분명히 달라져야 합니다. 달라지지 않는다면 배우는 공덕이 없습니다.

잘 듣는 것은 아주 큰 공부입니다. 이 '들음'에 대한 의미 설명을 좀 더 하겠습니다. 한자문화권에서는 자연의 미묘한 변화나 이변은 그 소리[音]에서도 나타난다고 믿었습니다.

'음音'은 하늘이나 신의 계시이며, '언言'은 기도나 맹세를 나타내는 말입니다. 그 소리를 잘 들을 수 있는 사람이 '성聖'이고, 그는 자연의 희미한 소리를 타고 오는 변화의 메시지를 읽을 줄 아는 능력을 가진 사람으로 봤습니다. 이 '들음'이란 귀[耳]를 통해 얻어지는 감각으로서의 단순한 소리에 그치지 않고 '성聖'과 '덕德'을 합한 글자인 '들어서 앎'을 뜻하는 '청聽'의 글자까지 '귀'의 연장선상에 뒀습니다.

요지산상로 수시거래인要知山上路 須是去來人
산 윗길을 알고자 한다면, 갔다 온 사람이 아니면 안 된다.

우리가 가고자 하는 수행의 끝은 보이지 않고, 우리의 보살행은 끝이 없습니다. 한 번도 가본 적이 없는 산에 간다고 치면, 그 산에 대해 모르니까 두려움이 생깁니다. 그러나 먼저 올라가본 사람이 산에 대해 알려준다면 훨씬 쉬울 것입니다. 그리고 그 산에 대한 '앎'은 바로 내 것이 됩니다.

● 묘월장자무승군 妙月長子無勝軍

선재는 묘월장자妙月長子의 처소에 가서 절을 하고 합장하며 물었습니다.

"성자이시어, 저는 이미 위없는 보리심을 발했으나, 보살이 어떻게 보살행을 배우며 어떻게 보살도를 닦는지 알지 못합니다. 원컨대 저에게 말씀해 주소서."

여기서 다시 한 번 자세히 읽어 보시기 바랍니다. 선재가 알려고 하는 게 무엇입니까? 보살행입니다. 우리의 수행과 기도의 궁극은 자비심이고 자비행입니다. 혼자만을 위한 안락과 깨달음은 존재하지 않습니다. 나를 우선하는 마음으로는 해탈의 먼 바다까지 나아가지 못합니다.

장자가 대답합니다.

"선남자여, 나는 보살의 해탈을 얻었는데 이름이 맑은 지혜 광명이다. 나는 다만 이 지혜광명 해탈을 알 뿐이다. 그러나 저 보살마하살들이 무량 해탈법문을 증득한 일이야 내가 어떻게 알며 그 공덕의 행을 말할 수 있겠는가. 이곳에서 남쪽으로 가면 출생성出生城이 있는데, 거기 무승군장자를 찾아가 보라."

무승군장자無勝軍長子가 선재의 '보살행'에 대한 물음에 답했습니다.
"선남자여, 나는 보살의 해탈을 얻었는데, 이름이 다함없는 모양[無盡相]이다. 나는 이 보살의 해탈을 증득했으므로 한량없는 부처님을 뵙고 무진장無盡藏을 얻었다. 나는 다만 이 무진장 해탈을 알 뿐이다. 그러나 저 보살 마하살들이 무한한 지혜와 걸림 없는 변재를 얻은 일이야, 내가 어떻게 알며 그 공덕의 행을 말할 수 있겠는가."
그리고는 최적정바라문을 찾아가 보라 일러줍니다.
'무진장'은 보살의 지혜와 자비의 힘이 셀 수 없이 무한함을 말합니다. 쓰임에 끝이 없습니다. 지금까지 「약찬게」를 읽어서 아시겠지만, 각 이름과 모양 하나하나마다 원력과 쓰임의 깊이가 다릅니다. 이 해탈 경계는 단계가 분명합니다. 보살일지라도 부처의 경지를 알지 못하는 것과 같습니다. 아주 조금씩, 조바심을 내지 말고, 보살의 원력을 실현해나가야 합니다.

⬤ 최적정바라문자 最寂靜婆羅門者

선재는 점점 남쪽으로 내려가 최적정바라문最寂靜婆羅門이 머무는 곳에 이르러 합장하고, 어떻게 보살행을 배우며 닦는지 가르침을 청합니다. 이에 바라문이 말했습니다.

"선남자여, 나는 보살의 해탈을 얻었는데 이름이 진실하게 원하는 말[성원어誠願語]이다. 과거 현재 미래의 보살들이 이 말로써 위없는 보리에서 물러가지 않는다. 나는 이 진실하게 원하는 말에 머물렀으므로 마음대로 하는 일에 모두 만족했다. 나는 다만 이 진실하게 원하는 말의 해탈을 알 뿐이다. 그러나 저 보살마하살들은 진실하게 원하는 말과 함께 다니고 멈춤에 어김이 없고, 그 말은 반드시 진실하여 허망하지 않으며, 한량없는 공덕이 여기에서 생기는 일이야 내가 어떻게 알며 말할 수 있겠는가. 여기서 남쪽으로 가면 묘의화문妙意華門이라는 성이 있고, 거기 덕생德生 동자와 유덕有德 동녀를 찾아가라."

여기에 '진실하고도 허망하지 않는 말[誠願語]'이 나옵니다. 이 '성원어'에서 무량한 공덕이 나옵니다. 내 마음의 진실을 다한 자세입니다.

'진실로 성誠' 자는 '말씀 언言'과 '이룰 성成'으로 이루어진 글자입니다. '성成'자는 거친 나무를 깎아서 겉면을 매끈하게 만든다는 뜻입니다. 그러니까 '성誠'은 '말을 다듬어서 진실되게 하다'의 뜻입니다. 고대에는 '참 진眞' 자가 생겨나지 않았었고, '성誠' 자가 이런 뜻으로 쓰였습니다.

말의 진실함이란, 한번 입 밖에 낸 말은 반드시 지키는 노력에서 생깁니다. "이전에 물러난 적도 없고, 현재에 물러나지도 않으며, 앞으로 물러날 일도 없다"라는 불퇴전의 가르침입니다.

● 덕생동자유덕녀 德生童子有德女

선재는 묘의화문성妙意華門城에 이르러 덕생동자德生童子와 유덕동녀有德童女를 만났습니다. 선재가 가르침을 청하자 동자와 동녀가 선재에게 말했습니다.

"선남자여, 우리는 보살의 해탈을 증득했는데 이름이 환주幻住입니다. 이 해탈을 얻었으므로 모든 세계가 다 환상[幻]처럼 머무는 것을 보는데, 그것은 인연으로 생기기 때문입니다.

중생이 다 환주이니 업과 번뇌로 일어나기 때문이며, 세간이 다 환주이니 무명과 존재와 욕망 등이 서로 인연이 되어 생기기 때문이며, 모든 법이 다 환주이니 '나'라는 소견 등 갖가지 환 같은 인연으로 생기기 때문이며, 중생의 생멸과 생로병사와 근심과 슬픔과 고뇌가 다 환주이니 허망한 분별에서 생기기 때문입니다."

동자와 동녀는 선재에게 보살행과 선지식에 대해 더 많은 법을 가르쳐 줬습니다. 그리고 뜻과 원이 두고두고 청정할 것이기 때문에 선지식을 가까이 섬기라고 말했습니다.

또한 선지식은 선근을 윤택하게 하고, 보리심을 늘어나게 하고, 뜻을 굳게 하고, 선善을 더하게 하고, 보살근根을 자라게 하고, 걸림 없는 법을 보이게 하고, 보현의 지위에 들어가게 하고, 모든 보살의 행과 원으로 이루어진 공덕을 말해줄 것이라 했습니다.

그리고 "보살마하살은 한량없는 선근을 심어야 하고, 한량없는 오묘한 회향을 배워야 하며, 한량없는 중생을 가르쳐야 하고, 한량없는 중생의 마음을 알아야 하고, 한량없는 중생의 뿌리를 알아야 하고, 한량없는 중생의 이해를 알아야 하고, 한량없는 중생의 행을 보아야 하고, 한량없는 중생을 조복해야 하고, 한량없는 번뇌를 끊어야 하고, 한량없는 업의 버릇을 맑게 해야 하고, 한량없는 사견을 없애야 하고, 한량없는 물든 마음을 제거해야 하고, 한량없는 청정심을 발해야 한다"라고 말해줍니다.

특히 동자와 동녀는 선지식을 왜 찾아야 하고, 밝은 스승이 되는지에 대해 자세하게 말해줍니다.

"선지식 찾기를 게을리 하지 마십시오. 선지식을 보고 싫은 생각을 내지 말며, 선지식에게 묻기를 수고로워 하지 말며, 선지식을 가까이 하되 물러갈 생각을 내지 말며, 선지식에게 공양하기를 쉬지 말며, 선지식의 가르침을 받고 잘못 알지 말며, 선지식의 행을 배우되 의심하지 말며,

선지식에게서 신심 낸 것을 변하지 말아야 합니다.

선남자여! 선지식은 인자한 어머니와 같으니 부처의 종자를 내기 때문이며, 인자한 아버지와 같으니 광대한 이익을 주기 때문이며, 유모와 같으니 지키고 보호해 나쁜 짓을 못하게 하기 때문이며, 스승과 같으니 보살의 배울 바를 보여 주기 때문이며, 길잡이와 같으니 바라밀의 길을 가르쳐 주기 때문이며, 좋은 의사와 같으니 번뇌의 병을 치료해 주기 때문입니다.

선지식은 또 설산과 같으니 온갖 지혜의 약을 자라게 하기 때문이며, 용감한 장수와 같으니 모든 두려움을 없애 주기 때문이며, 강을 건네주는 사람과 같으니 생사의 거센 물결에서 나오게 하기 때문이며, 뱃사공과 같으니 지혜의 보물섬에 이르게 하기 때문입니다. 선남자여! 항상 이와 같은 바른 생각으로 선지식을 생각해야 합니다. 또 당신은 자기 자신을 환자와 같이 생각하고 선지식은 의사와 같이 생각해 말씀하는 법은 좋은 약으로 알고, 닦는 행은 병을 없애는 일로 아십시오.

선남자여, 당신은 마땅히 이와 같은 마음과 이와 같은 뜻으로 선지식을 가까이 섬겨야 합니다. 왜냐하면 이러한 마음으로 선지식을 가까이 섬기면 뜻과 원이 두고두고 청정할 것이기 때문입니다."

선재동자는 선지식의 이와 같은 공덕이 한량없는 보살의 뛰어난 행을 열어 보이고 한량없이 광대한 불법을 성취하는 인연임을 알고 매우 기뻐하면서 덕생동자와 유덕동녀의 발에 엎드려 절하고 물러갑니다.

불법에서의 공부는 무엇보다 선지식을 필요로 합니다. 선지식에 의지하지 않으면 공부의 성취가 불가능합니다. 반드시 선지식에게 묻고 점검받아야 합니다. 혼자서 하는 공부는 삿된 소견만 증장시킬 위험이 있음을 명심하시기 바랍니다.

● 미륵보살문수등 彌勒菩薩文殊等

선재는 미륵보살彌勒菩薩을 만나기 위해 해간국海潤國 대장엄장원림 大莊嚴藏園林 안에 있는 미륵보살의 누각으로 갔습니다.

미륵보살은 운집 대중에게 선재동자의 불퇴전의 수행을 칭찬하고 많은 선지식을 구한 사실을 소개했습니다. 그리고 마음에 싫증내지 않고 머리에 붙은 불을 끄는 것처럼 가르침을 구하면서 미륵보살님 전에 당도한 것은 훌륭한 공덕임을 다시 한 번 찬탄하셨습니다.

선재동자가 사람의 몸으로 생명을 얻어 모든 부처님을 만나 뵙고 문수보살을 만날 수 있었던 것은 보리심菩提心(깨달음을 구하려는 마음)이 있었기 때문이라는 말씀입니다.

보리심은 곧 이 모든 부처님의 종자이니
능히 모든 부처님의 법을 일으키기 때문이네.

미륵보살은 보리심이야말로 좋은 밭이고, 대지이며, 맑은 물이고, 큰 바람과 같음을 비유하며, 보리심을 얻으면 '불도 태울 수 없고, 물도 빠뜨릴 수 없으며, 독도 침범할 수 없고, 칼도 상처 낼 수 없는' 위신력을 구족하게 됨을 설하십니다. 즉 어떤 곤란이나 위험이 닥쳐도 동요되는 일이 없습니다.

선재가 미륵보살의 누각 안으로 들어가기를 청하자, 손가락 튕기는 사이에 문이 열렸습니다. 안에는 갖가지 꽃과 보물로 장엄되어 있어, 그 아름다움에 선재는 황홀경에 빠집니다. 미륵보살이 이끄는 선정삼매 속에서 갖가지 장엄세계를 경험하게 되었습니다.

그리고 이 모든 불가사의함을 나타내 보이는 법문과 보살이 어디서 온 것이며, 보살은 어느 곳에서 태어났는지 등등의 의문을 모두 설명 듣고 문수보살을 찾아 갑니다.

선재가 일심으로 문수보살을 만나 그 자애로운 모습을 친견하고 싶다는 생각을 내자, 문수보살이 선재의 머리를 어루만지며 믿는 마음이 중요하다고 하십니다. 이 믿음이 없으면 근심에 빠지고, 정진할 마음도 없어지며, 보살행을 실천할 수 없게 되어 불법의 성취가 불가능하다는 말씀입니다.

문수보살은 "선재가 만약 믿음의 뿌리가 없었다면 조그만 공덕에 만족하고 행원을 일으키지 못하며, 선지식의 거두어 주고 보호함도 받지 못하며, 여래의 생각하심도 되지 못했을 것이며, 내지 두루 증득하지도 못했을 것이다"라고 칭찬을 하십니다. 그리고는 선재로 하여금 보현행원을 성취할 결심을 갖게 했던 것입니다.

문수보살이 선재로 하여금 여러 곳을 다니며 법을 구하게 한 것은 다음의 8가지 뜻이 있다고 현수 법장스님의 『탐현기』에 나와 있습니다.

① 궤범軌範이 되기 때문입니다. 선재는 법을 구하는 모범을 보이고, 선지식은 청에 응하여 법을 설하는 규범을 중생들에게 보임으로써 본받도록 함입니다.

② 행연行緣이 수승하기 때문입니다. 무릇 모든 행을 이루는 데는 선지식이 가장 우선하기 때문입니다. 선지식이 있어야 법을 배울 수 있습니다.

③ 견만見慢을 타파하기 위함입니다. 선재로 하여금 법을 구하는 데 있어 여러 선지식을 두루 만나도록 함으로써 분별심을 없애고 교만한 마음을 타파하기 위해서입니다.

④ 세마細魔를 여의기 때문입니다. 만약 사람에 매여 하나만 고집한다면 뒤따르는 행이 증가하지 않을 뿐 아니라 집착하는 허물도 있습니다.

⑤ 행行을 이루기 때문입니다. 선재가 한 가지 법문으로도 수행할 수 있겠지만 널리 법을 구한 것은 보살행과 선지식을 찾아 나서는 행을 성취하기 위함입니다. 이 말은 어느 하나에 안주하지 말고 보살행과 선지식을 찾아 배움에 중단하거나 싫증 없이 나아가라는 말입니다.

⑥ 지위를 나타내기 때문입니다. 선지식에 의탁함으로 해서 신信의 차별된 지위

를 나타냅니다. 믿음의 깊이와 성취에 따라 지위가 달라지게 됩니다.

⑦ 불법이 깊고 넓음을 나타내기 때문입니다. 모든 선지식들은 자신의 경지가 아
무리 높을지라도 '보살의 한량없는 보살해탈경계와 중생을 위한 보살행'을
알기 위해 끊임없이 물어야 함을 말합니다.

⑧ 연기를 나타내기 때문입니다. 법을 구하는 선재와 법을 설하는 선지식 간의
주관과 객관, 능동과 수동의 구별이 없이 하나인 일체를 이룸으로써 법을 펴
고 거둠에 자재하고 걸림이 없이 원융하게 됩니다.

"해신은 산호가 귀한 줄은 알아도 가격까진 모른다[海神知貴不知價]"
라고 했습니다. 바다는 산호를 길러낼 뿐입니다. 귀천의 구별을 두지 않
습니다. 불보살님의 장엄법계에는 분별이 없습니다. 우리 한 사람 한 사
람이 부처님 종자임을 잊지 말아야 합니다.

문수보살로부터 보현보살에 이르기까지 53선지식을 만나는 내용이
『화엄경』 「입법계품入法界品」입니다.

처음 문수보살에게서 시작하여 미륵보살에게서 불과佛果에 대해 듣
고, 다시 문수를 만나 보현행원에 머무르는 것으로 선재의 여정이 끝납니
다. 선재동자가 덕운비구로부터 염불해탈문을 얻고는 해운비구를 찾아
나서고, 이렇게 해서 한 분이 다음 만날 선지식을 알려주는 식입니다.

실제로는 54분을 만나지만, 문수보살을 두 번에 걸쳐 친견하기 때문
에 숫자로는 하나가 줄게 됩니다.

이는 인因과 과果가 둘이 아닌 경계를 말합니다. 원인과 결과가 한 차원에서 공존합니다.

"명일심 통만법明一心 通萬法"

마음을 밝히면 만법에 통하게 됩니다. 만법에 통한 이가 바로 부처님입니다. 그래서 마음을 닦고 밝혀 나가는 과정이 보살행입니다. 이 보살행이 쌓이면 성취되는 결실이 바로 부처님의 경지입니다. 그러니 원인과 결과가 동시에 존재하지 따로 있는 것이 아닙니다.

이 보살행은 결국 '보현보살 10행원'으로 귀결됩니다. 그래서 「화엄경」을 공부한다면 반드시 「보현행원품」을 알아야 합니다. 이 '보현 10행원'을 수지독송하는 것으로도 일체 장애가 사라져, 마치 허공의 달이 구름 밖으로 나온 것과 같습니다. 또한 일체 중생을 다 제도하여 마침내 생사에서 벗어나 아미타불의 극락세계에 왕생하는 단계를 밟습니다. 그래서 49재나 천도재의 시식문에 보현보살의 게송이 나옵니다.

원아임욕명종시願我臨欲命終時
진제일체제장애盡除一切諸障碍
면견피불아미타面見彼佛阿彌陀
즉득왕생안락찰卽得往生安樂刹

원하오니 이 목숨 다하려 할 때

모든 업장 모든 장애 다 없어져서

찰나 중에 아미타불 친견하옵고

그 자리에서 극락세계 얻어지이다.

살아서 뿐만 아니라 사후에도 번뇌를 여읜 좋은 세상을 만나야 진정
한 안락입니다. 그래서 우리나라 화엄십찰에서는 비로자나부처님 대신
아미타부처님을 모신 곳이 적지 않습니다.

열다섯 번째 강설

옹달샘이 사슴을 보듯이

• • •

보현보살미진중 普賢菩薩微塵衆
어차법회운집래 於此法會雲集來
상수비로자나불 常隨毘盧遮那佛
어련화장세계해 於蓮華藏世界海
조화장엄대법륜 造化莊嚴大法輪
시방허공제세계 十方虛空諸世界
역부여시상설법 亦復如是常說法

중국 송대의 대표적 시인인 황산곡黃山谷(1045~1105)이 당시의 선승인 회당 조심晦堂 祖心(1025~1100)선사에게 참선을 익히고 있던 어느 날이었습니다.

스님이 황산곡에게 물었습니다.

"그대가 보고 있는 『논어』에 '내가 너희들에게 숨기는 것이 있느냐? 나는 숨기는 게 없다'고 하는 구절이 있다. 이것이 선종의 일대사—大事와 매우 흡사하다. 그것을 아는가?"

산곡은 대답을 못했습니다.

하루는 산책길에 어디선지 꽃향기가 흘러들어 산곡이 향기를 맡고 좋아했던가 봅니다. 스님이 이것을 보고 다시 물었습니다.

"공은 목서木犀의 향기를 맡는가?"

어록에는 '맡는다'는 글자가 '문聞'으로 되어 있습니다. 이 글자는 '듣는다'와 '맡는다'는 뜻도 함께 가집니다. 어느 쪽이건 다 통할 수 있는 것은, 감각은 밖의 대상으로부터 받아들여지기 때문입니다. 산곡은 "문聞." 했는데, 이때 던진 선사의 한마디에 시인의 마음이 툭 트였습니다.

"나도 그대에게 숨기는 것이 없네."

— 『오등회원五燈會元』

목서는 꽃의 색깔에 따라 '금목서', '은목서', '단목서' 등으로 불리는 계수나무과의 교목인데, 코뿔소[犀] 무늬와 닮아서 '목서'가 되었습니다.

송광사에서 소임을 볼 때 해남의 한 고택에서 은목서·금목서 두 그루를 옮겨와 송광사 종고루 앞마당에 심은 적이 있어서 잘 알고 있습니다. 올바르게 듣는다는 것은 복종하는 자세를 의미합니다. 곧 '철저하게 전체적으로' 듣는 것입니다. 유대교의 전통에는 '귀를 드러내 놓다'로 말하기도 합니다. 잘 들으면 진리의 사람입니다. 들어도 변화가 없는 사람은 귀가 없는 사람과 다르지 않습니다.

　황하상유징청일黃河尚有澄清日
　기유인무득운시豈有人無得運時
　황하의 누런 물도 언젠가는 맑게 바뀔 날이 있을 것인데
　어찌 사람에게 행운이 올 날이 없겠는가.

　황하는 말 그대로 흙탕물입니다. 내륙을 거쳐 오면서 탁해집니다. 그러나 그런 물도 어느 때가 되면 맑아질 수 있다는 것입니다. 하물며 사람이 세상을 사는 데 있어 좋은 시절이 없겠습니까? 사는 일이 굴곡이 있으므로긴 호흡으로 관조하라는 말입니다.

◉ 보현보살미진중 普賢菩薩微塵衆

　선재가 보현보살을 만나려고 일심으로 정진하여 드디어 보현보살을 만나서 보현의 자유로운 신통을 봅니다. 그때 선재는 보현행원력의 드넓은 공덕의 바다에 대한 더욱 깊은 믿음을 내고, 보현보살은 게송으로서 부처님의 공덕바다가 한량없음을 말씀하십니다.
　불보살님은 홀로 존재하지 않습니다. 변재가 자재하기 때문에 필요에

따라 얼마든지 그 수효가 무한정 늘고 줄고 합니다. 그래서 '미진중微塵衆'은 한 보살을 장엄하는 권속의 무리도 그 수를 셀 수 없이 많다는 뜻입니다.

「보현행원품」 10행원 중에 두 번째가 '칭찬여래원稱讚如來願'입니다. '칭찬여래원'은 여래의 공덕을 끝없이 찬탄하겠다는 원입니다. 이 세상에서 가장 높은 찬탄의 대상은 부처님으로, 부처님의 공덕을 소리 내어 찬탄하는 것입니다.

'칭稱'은 '일컫다'의 뜻입니다. '벼 화禾'와 '들어 올릴 칭稱'으로 이뤄진 글자입니다. '화禾'는 저울추를 의미하기도 합니다. 옛날에는 좁쌀 12개의 무게를 1분分으로 삼고, 12분을 1수銖로 정했습니다. 이 '칭稱'의 자형적 의미는 '들어 올려서 무게를 달다', 그리고 '저울'의 뜻이 있습니다. 그런데 물건은 바닥에서 들어 올려 땅에서 떨어져야 무게를 잴 수 있습니다. 여기에서 '높여 칭찬하다', '일컬어 칭찬하다'의 뜻이 파생되었습니다.

'찬讚'은 '말씀 언言'과 '도울 찬贊'으로 이뤄진 글자입니다. '찬贊'은 폐백을 들고 앞으로 나아간다는 뜻입니다. 한자에 '조개 패貝'가 들어간 글자는 재물이나 보물, 때로는 화폐 같은 재화와 관련이 있습니다. 옛날에는 조개껍질을 화폐처럼 썼습니다. '찬讚'은 '말로 존경과 경배를 표시하다'란 뜻입니다.

다시 말해 '칭찬'은 '소리를 밖으로 내서 하는 찬탄'입니다. 우리가 하는 기도와 예불과 독경은 모두 소리를 내서 해야 합니다. '칭'이나 '찬'이나 밖으로의 소리가 울림을 뜻하기 때문입니다.

같은 의미전달도 혼자만 속으로 하는 것이 아니라, 여러 사람이 듣게 밖으로 소리를 내야 합니다. 이때의 말은 타인에 대한 선언과 같기 때문에 훨씬 구속력이 있게 마련입니다. 같은 계획이라도 남에게 말을 한 경우가 훨씬 실천력이 강하다고 하잖습니까?

불보살님을 찾고, 그분들의 공덕을 찬탄한다는 것은 내가 닮아간다는 것으로, 공감대가 형성되었다는 뜻이기도 합니다. 시방삼세에 두루하신 부처님과 보살님들의 중생을 향한 공덕의 바다에 함께 머물 수 있음을 감사하고 더 깊이 들어가고자 하는 발원을 담아서 찬탄해야 합니다.

내 자신의 원력이 부처님의 공덕에 의하여 이루어질 것이라는 확신을 가져야 합니다. 복덕과 지혜를 갖춘 부처님의 위대하고 거룩한 위신력은 모든 중생의 귀감이요 이상적인 선망의 대상이며, 공덕을 닦아가는 과정에 있는 우리들을 부처님은 언제나 감응하시기 때문에 찬탄하지 않을 수 없습니다.

찰진심념가수지刹塵心念可數知
대해중수가음진大海中水可飮盡
허공가량풍가계虛空可量風可繫
무능진설불공덕無能盡說佛功德
세계 티끌 수 같은 마음 헤아려 알고

큰 바다 물을 마셔 다하고

허공을 측량하고 바람을 맬 수 있어도

부처님의 공덕은 말로 다 할 수 없어라.

이 게송은 우리가 매일 하는 사시예불 중에 나옵니다. 예불과 공양에 왜 부처님의 공덕을 찬탄하겠습니까? 그것은 공덕의 바다가 한량없고 거룩한 만큼 나의 기도 공덕도 커진다고 보기 때문입니다. 그러니까 이런 경구를 소리 내어 외쳐야 합니다.

◉ 어차법회운집래 於此法會雲集來

모든 법회와 불사에는 허공에 구름이 몰리듯 티끌처럼 많은 선신들이 옹호하고 보살의 권속들이 중중무진으로 장엄을 합니다.

단순히 사람만 듣고 보지는 않습니다. 그래서 모든 법회를 귀중히 여겨야 합니다. 지금은 전국의 어느 절이건 법회를 자주 열고, 특히 도심포교당은 일요일 법회도 갖고 있습니다. 법회에 참석하여 기도하고 법문을 들으면 깨우치는 바가 있고, 그 깨우침이 나를 진리의 사람으로 만들어 갑니다.

🌑 상수비로자나불 常隨毘盧遮那佛

비로자나불은 광명입니다. 태양이 떠오르면 만물이 에너지를 얻어 살아갑니다. 이 비로자나불이 생명의 근본입니다.

모든 부처님도 이 비로자나불의 화현입니다. 다시 말해 본체입니다. 근본 틀입니다. 법계의 근본만 아니라 내 존재와 믿음의 근본 귀의처이기도 합니다.

그 비로자나불을 항상 따르겠다는 내 믿음의 표현입니다. 속에 맴도는 말을 겉으로 표현하고 여러 사람 앞에서 하는 말은 선언적 의미가 있습니다. 이 선언이 내 삶에 긴장감을 갖게 하는 힘입니다.

🌑 어연화장세계해 於蓮華藏世界海

연화장세계를 연꽃에 비유했습니다.

한 송이 연꽃이 피어나기 위해서는 우선 뿌리를 내려야하고, 줄기는 줄기대로, 잎은 잎대로, 꽃은 꽃대로 잘 자라야 합니다. 그렇게 해서 한 송이의 연꽃이 피어나게 됩니다.

부처님을 장엄하는 세계의 구성도 비슷합니다. 연화장세계는 노사나불이 이전에 보살행을 닦을 때 긴긴 시간 동안 청정하게 장식한 세계입니다.

노사나불은 과거의 한 시대 한 시대에 보살로서 무수한 부처님을 존경하였으며, 한 사람 한 사람의 부처님에게서 한없이 많은 서원을 세워 수행을 쌓아 왔습니다.

연화장세계는 노사나불이 보살이었던 시절에 스스로 세운 서원과 실천으로 정화되고 아름답게 만들어진 세계이며, 몇 겹의 풍륜風輪으로 된 대지의 층과 그 위의 대해에 받쳐져 우뚝 솟아 있는 대연화의 중심에 위치합니다.

수미산을 형성하는 미진과 같은 수의 바람의 소용돌이가 있어 이 연화장세계를 받쳐주고 있습니다.

최하층 바람의 소용돌이를 평등이라고 하며, 이것은 일체보광명지라는 대지를 받쳐줍니다.

그 위의 바람의 소용돌이를 종종 보장엄이라고 하며, 이것은 청정보광지라는 대지를 받쳐줍니다.

또한 최상층 바람의 소용돌이를 승장이라 하며, 이것이 일체향수해를 받치고 있습니다.

그 대해 중에 향당광명장엄이라는 이름의 대연화가 있고, 이것이 직접 연화장세계를 받쳐주는 식입니다.

🏵 조화장엄대법륜 造化莊嚴大法輪

항상 비로자나부처님을 따르고 대법륜의 장엄을 만들어 낸다는 말입니다. 존재하는 모든 것은 나름대로의 법칙이 있습니다. 이 법칙이 없으면 존재할 수 없습니다. 그런데 생겨난 것은 변화에 잘 적응해야만 오래 지속될 수 있습니다.

'취만부동吹萬不同'이라는 말이 있습니다. 바람이 불면 온갖 것이 모두 다른 소리를 낸다는 말입니다. 바람만 해도 솔바람, 대숲 바람이 다릅니다. 이렇듯 사물을 아름답게 보는 눈을 가져야 합니다.

길흉吉凶은 어디에서 생기냐면 득실得失에서 생깁니다. 좋으냐 나쁘냐를 생각할 때 얻으면 길하다고 여기고 잃으면 흉하다고 생각합니다. 그렇지만 반드시 '길吉-득得', '실失-흉凶'으로 작용하지만은 않습니다. 얻은 게 오히려 화가 될 수도 있고, 우선의 손해가 오히려 복이 되기도 합니다. 따라서 인생은 긴 호흡으로 살아가야 합니다. 우리가 운명을 알 수 있겠습니까?

또 득실은 '진퇴進退의 상象'이라 합니다. 상象은 눈에 보이지 않고, 보여줄 수 없지만 우리가 추상적으로 그려지는 모습을 말합니다. 일상에서도 물러서고 나아가는 것을 잘해야 합니다. 물러설 때 물러서지 못하고, 나아갈 때 나아가지 못하면 길하고 흉함이 생겨납니다.

그래서 무엇이건 원래의 상태에서 변화가 생기면 움직임이 있습니다.

움직이니까 또 변하고, 이런 식으로 힘을 받다보면 전혀 상상할 수 없는 세계가 벌어집니다. 이것을 운명이라 합니다. 운명은 예측불가능한 우연적인 성질이 있습니다. 세상을 잘 살아가려면 삶의 우연성을 최대한 줄여나가야 합니다. 불교에서 계율을 말하는데, 곧 자기 질서를 가지는 것이 이런 의미를 갖기 때문입니다. 여기서는 불법의 큰 수레바퀴를 굴리고 장엄하는 일에 내 자신을 바꿔가겠다는 말이기도 합니다.

● 시방허공제세계 十方虛空諸世界

시방허공의 모든 세계라는 것은 불보살님들이 장엄하는 공간의 크기입니다. 아주 큰 것은 바깥이 없고 정말 작은 것은 안이 없다고 합니다. 겨자씨가 아주 작지만 그래도 속이 있습니다. 아무리 극도로 작은 세균일지라도 현미경으로 보면 꿈틀대는 것을 볼 수 있습니다. 그것도 속이 있기 때문입니다.

시방의 저 허공세계는 지금도 학자들이 계속 우주를 발견해내듯이 정말로 그 끝을 모릅니다. 상상도 못합니다. 그래서 그냥 모든 방향으로 뻗어가도 끝없는 허공의 모든 세계라 했습니다. 허공은 막혀 있지 않다는 비유입니다. 이 넓고 광대무변한 세계를 불보살님들이 장엄하고 설하고 교화하는 대상으로 삼는다는 것이니까 불법에서 말하는 세계가 얼마나

무궁무진한지 새삼 알게 됩니다.

🌑 역부여시상설법 亦復如是常說法

　부처님은 시방 허공의 모든 세계에서 항상 설법을 하고 계십니다. 그러니 불법 만난 것을 다행으로 생각해야 합니다. 이 '다행이다'는 마음이 있어야 신심이 깊어진다고 경전에서 설하십니다. 라디오나 전화기를 켜거나 들기만 하면 소리가 들리고 통신이 이뤄집니다. 마찬가지로 마음의 눈을 뜨면 이 '항상 설해지는 법문'을 통하게 됩니다. 통하면 알게 됩니다. 이때부터는 또 들리는 모든 것이 법문입니다. 하는 말마다 법문 아닌 게 없습니다.

　눈을 뜨면 대광명의 세계입니다. 이 대명천지에 눈을 가려진 사람은 어둡다고 불평합니다. 그러나 눈을 뜨면 만천하가 내 앞에 펼쳐짐을 압니다. 마음의 꽃이 발명되면 일체가 기도 아닌 것이 없고, 일체가 진리를 드러내고 있습니다. 하늘은 숨기는 게 없습니다.

　부처님은 "업은 의지력이다"라고 말씀하셨습니다. 업이 하나의 실체가 아니라 과정, 행동, 에너지와 역량입니다. 다시 말해 좋은 습관이 좋은 결과를 가져온다는 말씀입니다. 내 안의 보물을 두고 멀리 찾아나서는 수고와 어리석음을 경계해야 합니다.

옛날 어떤 부인이 있었습니다. 그녀는 처음으로 아들을 낳은 뒤, 다시 아들을 낳고자 다른 부인에게 물었습니다.

"누가 나로 하여금 다시 아들을 두게 하겠는가?"

이 말을 들은 한 노파가 들었습니다.

"내가 능히 아들을 낳게 해 줄 터이니 하늘에 제사하라."

"그 제사에 어떤 제물을 바쳐야 합니까?"

"네 아들을 죽여 그 피로 하늘에 제사하면 반드시 많은 아들을 얻을 것이다."

부인은 노파의 말에 따라 아들을 죽이려 했습니다. 그때 옆에 있던 지혜로운 사람이 그것을 보고 꾸짖었습니다.

"어찌 그렇게 무지하고 어리석은가? 아직 낳지 않은 아이는 얻지 못할 수도 있는데, 그를 위해 현재의 아들을 죽이려 하다니!"

어리석은 사람들도 이와 같아서 아직 나지 않은 즐거움을 위하여 스스로 불구덩이에 몸을 던지고 갖가지로 몸을 해치면서 천상에 나게 될 것이라고 말합니다.

− 『백유경』

'사슴이 옹달샘을 보듯이' 가 아니고, '옹달샘이 사슴을 보듯이' 사는 법이 있습니다. 내가 세상을 본다는 것만 생각하지 말고, 세상이 나를 보고, 내가 나를 봐야 합니다. 공부를 해 가다보면 이 말을 분명히 알 수 있습니다. 공부인은 세상을 이렇게 살아갑니다. 내가 나를 위해 세상을 살아가야 하는 것도 있지만, 반대로 세상천지가 나를 위해 존재하기도 하고, 내가 세상을 위해 살아가는 법도 있습니다. 사슴은 자기가 옹달샘을 상대하며 살아간다고 생각하지만, 옹달샘이 사슴을 보는 법도 분명히 있습니다.

한 생각을 바꾸면 엄청난 세상이 있습니다. 그런데 이것을 모르고 사람들은 구걸하듯 살아갑니다. 그래서 자신의 보물 창고를 놔두고 구걸에 나서는 중생의 병통에 대해 경전에서 비유로 많이 설해지고 있습니다.

알면 세상이 달라집니다.

大方廣佛華嚴經 寰相

열여섯 번째 강설
참고 기다리면 장미꽃이 핀다

육육육사급여삼 六六六四及與三
일십일일역부일 一十一一亦復一
세주묘엄여래상 世主妙嚴如來相
보현삼매세계성 普賢三昧世界成
화장세계노사나 華藏世界盧舍那

『화엄경』은 80권 7처處 9회會 39품品으로 구분합니다.

석가모니 부처님께서는 9번에 걸쳐 『화엄경』을 설하셨는데, 장소는 지상의 세 곳 [법보리장, 보명광전, 급고독원] 과 하늘의 네 곳 [도리천궁, 야마천궁, 도솔천궁, 타화자재천] 으로 모두 7처입니다. 설법이 9회에 걸쳐 이루어졌는데 장소가 7곳인 이유는 보명광전에서 3번(2회, 7회, 8회)을 설하셨기 때문입니다.

「약찬게」의 '육육육사급여삼 ~ 삼십구품원만교' 부분은 『화엄경』 39품에 대한 내용입니다.

티베트의 성자로 밀라레파(Milarepa, 1052~1135)가 있었습니다.

밀라레파는 부유한 집에서 태어났습니다. 그러나 어릴 적에 아버지가 돌아가시면서 삼촌에게 재산관리를 부탁했는데, 그가 재산을 몽땅 가로채고 말았습니다. 원수를 갚기 위해 마술을 배운 밀라레파는 여러 사람을 살해했지만 자신의 소행을 곧 후회하고는 영적인 스승을 찾아 나선 끝에 마로파를 만났습니다.

마로파는 밀라레파의 더럽혀진 업을 정화시키기 위해 맨손으로 집을 짓도록 하고, 완성되면 트집을 잡아 허물어 버리면서 다시 짓게 했습니다. 의미 없고 실망스러운 이 일은 반복되었습니다. 그러나 이 일을 통해 스승은 밀라레파에게 많은 가르침을 주었습니다. 나중에 밀라레파는 동굴에서 홀로 쐐기풀만 먹으며 수행하여 큰 깨달음을 얻게 됩니다.

어느 날 밀라레파가 제자인 감포파에게 법을 전하는 자리였습니다. 바닥에 앉아 있는 제자의 주위를 한 바퀴 돌고 난 밀라레파는 자신의 가사를 들어 올려 등을 보여주며 말했습니다.

"이것이 보이느냐?"

감포파는 스승의 등에 난 수많은 상처를 보고 깜짝 놀랐습니다. 밀라레파가 말했습니다.

"이것이 내가 깨달음에 이른 방법이다. 쉼 없이 좌선하고 명상했기 때문이다. 너도 나와 이생에 깨달음을 이루고 싶다면, 이같이 노력하라. 이것이 나의 마지막 가르침이다."

동물이나 식물마다 가지고 있는 상징이 있습니다. 그 중에 크로버의 네 잎은 '행운'을 상징합니다. 성聖 패트릭(386~461)이 사랑·희망·믿음 의 3위 일체에 비유하고 네 번째 잎을 행복이라 했습니다.

네 잎 크로버가 생기는 원인은 생장점이 상처를 입는 데 있다고 합니다. 즉 운동장이나 길 가의 많이 밟히는 곳에 네 잎 크로버가 있지, 인적 드문 꽃밭에는 행운의 상징이 자라지 않는다는 말입니다. 대부분의 운동 도 자세를 낮추는 것으로 시작합니다. 그래야 잘 넘어지지 않습니다.

불일보조국사의 『계초심학인문』에 '범유하심자 자귀의만복凡有下心 者 自歸依萬福'이라 했습니다. 몸과 마음을 낮추면 누구나 좋아합니다. 이럴 때 만복이 자기에게 돌아옵니다.

벽극풍동 심극마침壁隙風動 心隙魔浸
벽에 틈이 생기면 바람이 움직이고
마음에 틈이 생기면 마가 침입한다.

불교는 이 세상의 작용원리를 '연기緣起'로 봅니다. 지금도 논쟁중이 지만 창조론과 진화론의 관점이 있습니다. 이것은 어떤 부분에서는 한 뿌 리인 것 같기도 하고, 또 다른 면에서 보면 공존하기 어렵기도 합니다. 본질은 다르지 않을 텐데 서로의 주장이 일치하지 않습니다.

'연기緣起'에서 '연緣'은 '의지하는 조건'이란 뜻입니다. '조건'이 '일어남'을 말합니다. '연기'는 불교의 이론적 기초가 됩니다. 이 연기에 대한 이해를 해야만 불교공부를 제대로 할 수 있습니다.

벽에 틈이 생기면 바람이 움직입니다. 지형에 따라 기류의 변화가 발생합니다. 마찬가지로 마음에 틈이 생기면 생각이 일어나고, 그 생각에 따라 행동을 하게 됩니다. 처음의 선과 악에 대한 의도와는 달리 나중에는 전혀 다른 방향으로 일이 전개되기 마련입니다. 이 번뇌가 바로 '마구니'입니다. '좋지 않는 상황'을 뜻합니다.

⚫ 육육육사급여삼 六六六四及與三 일십일일역부일 一十一一亦復一

『80권 화엄경』은 7처 9회 39품으로 이뤄진 경전입니다. 부처님께서 성도하신 후에 7곳에서 9차례에 걸쳐 39품을 21일에 걸쳐 설하신 것입니다. 청법 대중도 인간이 아닌 천상의 신들이었습니다. 어떻게 설하셨느냐 하면, 해인삼매 속에서 설하셨습니다.

'육육육사급여삼六六六四及與三'은 육(6)·육(6)·육(6)·사(4) 급여 삼(3), 즉 보리장회 6품·보광명전 6품·도리천궁 6품·야마천궁 4품·

도솔천궁 3품을 나타냅니다.

'일십일일역부일一十一一亦復一'은 일(1)·십일(11)·일(1)·역부 일(1), 즉 타화자재천 1품·보광명전 11품·보광명전 1품·급고독원 1품을 나타냅니다.

위의 것을 정리하면 6+6+6+4+3+1+11+1+1=39품이 됩니다.

39품이 설해진 과정을 나열하면 다음과 같습니다.

횟수·품수·법회장소·설법주·설한 내용 등입니다. 제1회 6품 법보리장보현보살불자내증경佛自內證境. 제2회 6품 보광명전문수보살십신十信. 제3회 6품 도리천궁법혜보살십주十住. 제4회 4품 야마천궁공덕림보살십행十行. 제5회 3품 도솔천궁금강당보살십회향十廻向. 제6회 1품 타화자재천궁금강장보살십지十地. 제7회 11품 보광명전세존, 보현보살,심왕보살,청연화보살등각等覺, 묘각妙覺. 제8회 1품 보광명전보현보살 묘각妙覺. 제9회 1품 급고독원 (기원정사) 문수보살해탈문解脫門.

불교가 다른 종교나 사상과 달리 뛰어난 점은 이렇게 광대한 경전과 교리에 있습니다. 그래서 '믿음과 앎'을 새의 두 날개처럼 생각해야 합니다. 불법을 믿는 마음이 한 쪽 날개라면, 교리에 대한 정확한 이해가 다른 쪽 날개입니다. 어느 하나라도 소홀하거나 가볍게 생각하면 안 됩니다. 불법의 세계는 워낙 광대무변하기 때문에 '바다'에 비유합니다.

* 큰 바다의 10가지 이익

① 차례로 점점 깊어진다.

② 송장을 받아두지 않는다.

③ 다른 물이 그 가운데 들어가면 모두 본래의 이름을 잃는다.

④ 모두 다 한맛이다.

⑤ 한량없는 보물이 있다.

⑥ 바닥까지 이를 수 없다.

⑦ 넓고 커서 한량이 없다.

⑧ 큰 짐승들이 사는 곳이다.

⑨ 조수가 기한을 넘지 않는다.

⑩ 큰 비를 모두 받아도 넘치지 않는다.

『화엄경』「약찬게」의 여기서부터 39품 하나하나의 명칭이 나옵니다. 약찬게를 염송하면 『화엄경』 한 권을 통째로 읽는 공덕이 생깁니다.

경전에 보면 '진언'이 많이 나옵니다. 이 진언은 '진짜 말'입니다. 진짜는 가짜보다 훨씬 위력이 있습니다. 그래서 진언을 일심으로 암송하면 놀라운 힘이 생깁니다. 부처님의 진짜 말씀이기 때문입니다.

그리고 「약찬게」나 간단한 다라니는 반드시 외워야 합니다. 길을 갈 때나 차를 탔을 때, 누구를 기다리거나 산책길에서도 좋고, 집에서 설거지를 하면서도 자꾸 자꾸 외우시기 바랍니다. 이 주력이 반복되면 될수록 기도의 위신력을 스스로 느끼게 됩니다.

🌸 세주묘엄여래상 世主妙嚴如來相

초회 6품 중 첫 품인 「세주묘엄품世主妙嚴品」은 법보리장회의 서품이면서 『화엄경』 전체의 서분序分이기도 합니다.

부처님께서 법보리도량에서 정각을 이루시자 도량에는 모든 장엄이 조화되어 환희의 빛이 났습니다. 보현보살을 위시한 보살대중과 집금강신을 비롯한 39류 화엄성중 등 총 40중의 권속들과 함께 부처님 화상에 모여왔으니, 그들을 '온 세계의 주인이 되는 이[世主]'라 부릅니다.

이렇게 아란야 법보리도량에 모여 부처님 깨달음의 세계를 오묘하게 장엄하였고, 깨달음의 세계가 우리가 상상할 수 있는 차원을 넘어서기 때문에 신기하고 미묘하여 환희심을 불러 일으켰습니다. 이들이 각기 성취한 해탈문의 경계에서 본 부처님 세계를 게송으로 찬탄하여 장엄하였으므로 「세주묘엄품」이 첫 품이 되었습니다.

「여래현상품如來現相品」에서는 『화엄경』이 설해지는 인연을 나타냅니다. 세주世主들이 불세계와 보살세계에 대해 40가지 질문을 하고, 부처님께서는 답하기 위해 광명으로 출현하십니다. 입으로 광명을 놓아서 수많은 세계와 불보살을 나타내고, 미간의 광명으로는 설법할 법주를 비추고, 국토를 진동시켜 대중을 환희케 하십니다.

『화엄경』은 이 세주들의 질문에 대한 답이라고 할 수 있습니다. 참고로 사찰의 주련으로도 많이 쓰이는 다음 게송의 출처가 바로「여래현상품」입니다.

불신충만어법계佛身充滿於法界

보현일체중생전普現一切衆生前

수연부감미불주隨緣赴感靡不周

이항처차보리좌而恒處此菩提座

부처님의 법신 법계에 충만하사

일체 중생 앞에 널리 나투시니

인연 따라 나아감에 두루하지 않음이 없으시고

언제나 이 보리좌에 앉아 계시네.

⚜ 보현삼매세계성 普賢三昧世界成

『화엄경』에서는 각 회의 설주說主들이 삼매에 들었다가 깨어나서 설법을 하게 됩니다. 이「보현삼매품普賢三昧品」에 따르면 보살의 삼매 자체가 일체 부처님의 위신력과 비로자나부처님의 본원력과 보살 각자의 선근력 등에 의해 가능하다는 것입니다. 보살이 중생을 위한 교화의 원력과 신통묘용, 발심까지도 모두 부처님의 세계를 충만케 하기 위함입니다.

이와 같이 보살이 중생을 교화하는 데 있어 큰 원력을 보이시는 자력의 부분, 이와 동시에 보살일지라도 부처님의 위신력에 의지해야 하는 타력의 두 부분이 항상 함께한다는 것은 불교에서 보여주는 신앙의 체계이기도 합니다.

「세계성취품世界成就品」은 보현보살이 세계해의 10사事를 10종으로 설한 것입니다. 보현보살이 대중들에게 세계해가 이루어진 인연을 위시하여 세계해에 의지하여 머무름 · 형상 · 체성 · 장엄 · 청정방편 · 부처님 출현 · 겁의 머무름 · 겁의 변천 · 차별 없는 일 등 세계해의 열 가지를 다시 10종으로 설하여 여래의 위신력과 중생의 업행과 보살의 원행 등으로 세계가 성취되었음을 설하였습니다.

◉ 화장세계노사나 華藏世界盧舍那

「화장세계품華藏世界品」은 '화장장엄세계해품華藏將嚴世界海品'의 줄임말입니다. 비로자나불의 연화장세계蓮華藏世界입니다.

화장華藏은 일일경계에 찰진수해刹塵數海의 청정공덕으로 장엄이 됩니다. 세계가 깊고 넓으므로 바다에 비유한 것입니다.

화장장엄세계가 꽃 중에 있으므로 연화장세계라고도 합니다. 비로자나부처님께서 미진수겁을 지나면서 보살행을 닦을 때에 낱낱 겁마다 부처님을 친견하고 큰 서원을 세움으로써 장엄된 세계입니다. 풍륜이 바치고 있는 향수해의 큰 연꽃 가운데에 자리하고 있습니다.

「비로자나품毘盧遮那品」은 『화엄경』의 주불인 비로자나불의 과거 본생담과 수행을 설한 내용입니다.

훌륭한 세계는 반드시 그 원인이 있다고 설하고 있습니다. 과거 승음세계에 일체공덕산수미승운 부처님이 출현하셔서 큰 광명을 놓아 중생을 조복하시니, 그 도성의 대위광태자가 부처님의 광명을 보고 예전에 닦은 선근의 힘으로 즉시 10종 법문을 증득합니다. 그 10종은 공덕륜삼매 · 보문다라니 · 반야바라밀 · 대자 · 대비 · 대희 · 대사 · 대신통방편 · 대원 · 변재문입니다.

비로자나불은 '광명'이라고 했습니다. '빛'입니다.

왜 비로자나불을 빛에 비유할까요? 빛은 네 가지 속성을 가지고 있습니다.

① '두루 비춤[遍照]'입니다. 빛은 사물에 차별을 두지 않고 더러움과 깨끗함을 불문하고 일시에 비춰줍니다.

② '차별을 드러냄'입니다. 빛 자체가 분별을 두지는 않지만 빛에 의존해 만물이 자신을 비춰봅니다. 그리고 스스로 아름다움과 추함의 분별에 빠지고 괴로워

합니다. 우리가 꽃을 아름답다고 하지만 꽃은 그 자체로 존재할 뿐입니다.

③ '자족성'입니다. 만물은 빛에 의존하여 에너지를 만들어서 살아가지만 빛 자체는 무엇에도 의존하지 않습니다.

④ '생명성'입니다. 빛이 생명의 근원이고 에너지입니다. 빛이 없으면 초목이 자라지 못하고, 어떤 생명도 살 수 없습니다.

빛이 생명이고 에너지입니다. 우리는 빛으로 자라난 것들을 음식으로 만들어 에너지를 얻습니다. 음식은 소중합니다. 먼저 음식에 대한 말씀을 드리겠습니다. 우선 공양게송부터 알아야 합니다.

계공다소 양피래처計功多少 量彼來處

촌기덕행 전결응공忖己德行 全缺應供

방심이과 탐등위종防心離過 貪等爲宗

정사량약 위료형고正思良藥 爲療形枯

위성도업 응수차식爲成道業 應受此食

이 음식이 어디서 왔는고

내 덕행으로는 받기 부끄럽네

마음의 온갖 욕심 버리고

육신을 지탱하는 약으로 알아

도업을 이루고자 이 공양을 받습니다.

– 〈오관게五觀偈〉

사찰의 공양간에 붙여져 있는 이 게송은 공양이 나에게 오기까지의 수고로움, 그리고 공양을 받는 목적을 돌이켜보라는 의미입니다. 시주의 은혜가 소중한 절집에서는 공양물을 함부로 다루거나 먹고 남겨서도 안 됩니다.

또한 모든 공양은 육신을 지탱하는 선에서 만족해야 합니다. 『화엄경』「보현행원품」에 "모든 공양 가운데 법공양이 제일"이라고 했습니다. 또 '부처님 말씀대로 수행하는 공양, 중생들을 이롭게 하는 공양, 중생의 고苦를 대신하는 공양, 선근을 닦는 공양, 보리심을 여의지 않는 공양' 등을 말씀하십니다. 다른 생명을 이익 되게 하는 모든 행위가 곧 공양이니 진리의 기쁨이 최고의 식량인 셈입니다.

많은 사찰의 공양간에 '선열당禪悅堂' 편액이 걸리는 것도 이런 의미가 있습니다. 법의 즐거움이 있으면 먹지 않아도 몸이 에너지로 충만해지므로 먹고 싶은 생각이 별로 나지 않습니다.

조조의 둘째 부인 변卞씨는 기생출신이었습니다. 정실인 정丁씨가 이혼으로 폐위되고 그 자리에 올랐습니다. 왕업을 물려받은 조비를 비롯해 조창·조식이 모두 변씨 소생입니다.

그러나 출신의 한계에도 불구하고 품성은 남달라, 조조가 전쟁에서 노획한 패물들을 늘어놓고 고르라 하면 그녀는 매번 중간 정도의 것을 골랐다 합니다. 누군가 이유를 묻자 변씨는 이렇게 말했습니다.

"가장 좋은 것을 고르면 탐욕스럽다고 할 것이고, 나쁜 것을 고르면 위선이라고 할 것이다. 그래서 중간 것을 고른다."

조조는 변 부인의 이런 자세를 좋아했다고 합니다.

부처님도 어쩌지 못하는 3가지가 있다고 합니다.

첫째는 다른 사람 업을 대신하지 못하고, 둘째는 인연 없는 중생은 제도하지 못한다고 했습니다. 그리고 마지막으로 미래세가 다할 날이 없다는 것입니다.

이 세상은 끝없이 반복되고, 여러 업과 인연들이 얽히고 설키는 속에서 살아갑니다. 산이 다하고 물이 다하여 길이 없는가 했다가 버들 푸르고 붉은 꽃 피는 마을을 또 만나게 되는 쉼 없는 일상이 우리의 본질입니다. 고달픈 일이기도 하고 우여곡절이 많은 것도 사실입니다. 그러나 한편 생각하면 세상은 이런 이유로 인해서 여러 가능성을 갖게 합니다. 결정되지 않은 미래는 흥미진진한 무엇이 있습니다.

『능엄경』에도 나오지만, 물이라는 것도 물고기는 사는 집으로 봅니다. 사람은 그냥 물로 보고, 천상의 신들은 유리로 보고, 지옥 중생들은 피고름으로 봅니다. 지옥 중생이 굶주림의 고통을 받는 이유가 이런 이때문입니다. 피고름으로 보이니까 먹거나 마실 수가 없는 것입니다.

새는 하늘을 좋아하고, 사람은 땅에 있어야 편합니다. 물고기는 물속에서 자유롭고, 두더지는 땅 속에 있어야 안심이 될 것입니다. 이렇듯 각각의 생명들이 편안하게 여기는 바도 다릅니다. 물론 먹는 것도 그렇습니다. 초식동물은 풀만 먹어도 좋지만, 육식동물은 그렇지 않습니다.

옛 글에도 나옵니다. 중국의 역사상 뛰어난 미인 중에 서시西施가 있습니다. 서시와 관련된 여러 가지 고사가 있는데, 대표적인 것 중의 하나가 침어沈魚의 고사입니다. 어릴 때부터 천성이 곱고 용모가 아름다워 항상 부러움을 샀는데, 하루는 강가에서 빨래를 하다가 그녀의 아름다운 모습이 강물에 비쳤습니다. 이때 물고기가 그 모습에 도취되어 헤엄치는 것도 잊어버리고 강바닥으로 가라앉았다고 해서 지어진 고사입니다. 그리고『장자』에는 효빈效嚬의 고사가 전해 내려오는데, 속병이 있던 서시가 자주 얼굴을 찌푸리고 걷고 있었는데, 이를 본 이 마을의 추녀도 얼굴을 잔뜩 찌푸린 채 따라하다가 마을사람들로부터 외면을 받았다는 고사입니다. 아름다움과 추함의 가치도 이렇듯 다릅니다. 어떤 가치 기준을 가지고 남에게 강요하는 일들이 많은데 삼가해야 할 일입니다.

부처님께서는 수행에 있어서도 극단적인 방법은 권하지 않으셨습니다.

한번은 고행하는 수행자가 있었습니다. 부처님께서 보시기에 지나치게 몸을 혹사시키는 것 같았습니다. 그래서 그 제자를 불러 거문고의 비유를 들어 말씀하셨습니다.

"줄이 팽팽하면 소리가 어떻겠느냐?"

제자가 대답했습니다.

"소리가 잘 나지 않을 것입니다."

"그럼 줄을 느슨하게 매면 또 어떻겠느냐?"

"그것도 소리가 나지 않습니다."

부처님께서 말씀하셨습니다

"수행도 그와 같아서 너무 느슨하게도 하지 말고, 너무 지나치게도 하지 마라. 거문고 줄을 다루듯이 해라."

세상을 사는 데 있어 유연한 자세가 필요합니다.

공자께서도 '무의毋意, 무필毋必, 무고毋固, 무아毋我'를 말씀합니다. 자기 의견을 지나치게 내세우지 말고, 꼭 그래야 한다고 요구하지 말고, 자기를 고집하지 말고, 자기중심적으로만 생각하지 말라는 말씀입니다.

서양 속담에 "참고 기다리면 장미꽃이 핀다."는 말이 있습니다. 때로는 호흡을 길게 하고 살 줄도 알아야 합니다. 이 지혜는 하루아침에 닦아지지 않습니다. 평소에 아무리 자신 있는 듯해도 정작 경계에 부딪치면 마음은 갈팡질팡하게 됩니다.

"평상심平常心이 도道"라는 말을 들어보셨을 것입니다. 이 평상심은 우리가 생각하는 일상의 마음과는 본질적으로 다릅니다. 적어도 깨달음으로써의 평상심을 이해해야 합니다.

「세주묘엄품」부터 「여래현상품」, 「보현삼매품」, 「세계성취품」, 「화장세계품」, 「비로자나품」까지의 6품이 석가모니 부처님께서 설하신 『화엄경』의 첫 회입니다.

처음 6품은 청법 대중의 특징과 『화엄경』의 교설인연, 비로자나불의 성취에 대한 것으로서, 『화엄경』의 서론에 해당된다고 할 수 있습니다.

열일곱 번째 강설

숨을 곳이 없다

· · ·

여래명호사성제 如來名號四聖諦
광명각품문명품 光明覺品問明品
정행현수수미정 淨行賢首須彌頂
수미정상게찬품 須彌頂上偈讚品
보살십주범행품 菩薩十住梵行品
발심공덕명법품 發心功德明法品

옛날 일본 교토의 삼정사三井寺에 가난한 한 스님이 살고 있었습니다. 한해가 다 가도 그를 찾는 신도 하나 없을 정도로 인연들이 없었습니다. 같이 지내는 대중들도 그를 멀리하여 항상 외로웠습니다.

어느 날 그는 '내가 이렇게 가난한 것은 이 절이 나와 인연이 맞지 않기 때문이다. 다른 데로 옮겨서 살아보면 그 이유를 알지도 모르겠다' 는 생각이 들었습니다. 그래서 내일은 떠나리라 마음 먹고 짐을 싼 후에 일찍 잠자리에 들었습니다.

그는 꿈속에서 깡마른 체구에 행색이 초라한 젊은이 하나가 출타를 하려는지 짚신을 신으려고 댓돌에 쪼그리고 있는 것을 보게 되었습니다. 얼굴은 야위고 볼품 없었습니다. 이 절에 여러 해 있었지만 한 번도 본 기억이 나질 않아 이상한 생각이 들어 다가가 물었습니다.

"당신은 누구십니까?"

젊은이는 뜻밖의 말을 했습니다.

"나는 여기에 오랫동안 있었던 사람입니다. 특히 당신과 항상 같이 있었지요. 이제 당신이 다른 데로 옮기려고 하니 나도 따라가는 것입니다."

스님은 점점 이상한 생각이 들어서 다시 물어봤습니다.

"나는 당신을 본 기억이 없습니다. 당신의 이름이 어떻게 됩니까?"

푸른빛의 젊은이가 말했습니다.

"나는 보통의 사람과 다릅니다. 이름도 색다르지요. 사람들은 나를 보면 '전세의 업보로 가난을 가져오는 젊은이'라고 부릅니다."

깨어보니 꿈이었습니다. 그는 곰곰이 생각한 끝에 결론을 내렸습니다.

"어디를 가더라도 꿈속의 젊은이가 자신과 붙어 있어서는 가난을 면치 못하리라. 가난의 업보를 지우는 것이 중요하겠구나."

그 스님은 생각 끝에 보따리를 풀고 다시 눌러 앉기로 하고는 그날부터 열심히 보시 공덕을 지어 나갔습니다. 꿈속의 초라한 행색의 젊은이가 떨어지지 않는 이상 인생은 고달프다는 것을 깨달았기 때문입니다. 가난한 젊은이는 바로 자기 자신이었습니다.

무사지대본소毋使枝大本小
지대본소장불승춘풍枝大本小將不勝春風
가지는 크고 뿌리는 작게 하지 마라.
가지가 크고 뿌리가 작으면 봄바람을 이길 수 없다.

나무가 크기 위해서는 가지를 뻗어가는 것이 전부가 아닙니다. 우리 눈에는 보이지 않지만 땅 속에는 위로 올라가는 가지보다 더 깊이 뿌리를 내립니다. 이 뿌리가 튼튼하지 않으면 바람을 견디지 못합니다. 봄바람이 얼마나 부드럽습니까? 하지만 그 부드러운 봄바람마저도 이겨내지 못합니다.

우리는 불법을 믿고 있습니다. 이 신심이 깊이 뿌리를 내려야 흔들리지 않습니다. 행복의 원천은 이렇게 자랍니다.

● 여래명호사성제 如來名號四聖諦

부처님이 아직 수행 중인 보살이었을 때 중생제도의 인연으로 여러 종류의 사람들을 구제하기 위해 갖가지 방편을 사용하여 여러 가지 설법을 하고, 모습을 변화시켜 가면서 중생의 능력에 맞게 가르쳤기 때문에 이름에도 갖가지 명칭이 따르게 됩니다. 그래서 「여래명호품如來名號品」입니다.

「사성제품四聖諦品」은 불교의 근본교리인 사성제四聖諦(苦 · 集 · 滅 · 道)에 대해 설하는 내용입니다. 이 사성제는 반드시 알고 외워야 합니다. 부처님 성도 후에 근본교설의 중심사상입니다.

〈사성제四聖諦〉

① 고苦

'괴로움'입니다. 불교는 이 세상의 본질을 괴로움으로 봅니다. 고성제는 괴로움 자체의 성질을 말합니다. 태어나고 늙고 병들고 죽음[生老病死] · 만남과 헤어짐 [會者定離] · 기쁨과 노여움과 슬프과 즐거움[喜怒哀樂] · 근심과 슬픔, 몸과 마음이 아픈 것[憂悲苦惱], 이 모든 것이 결국을 괴로움이라는 교설입니다.

이것은 염세주의와는 다릅니다. 염세주의는 비관적으로 보는 것이지만, 불교에서는 개인이 판단하고 느끼는 어떤 감정과는 별개로 그 본질이 괴로움이라 합니다. 미묘하지만 분명한 차이가 있습니다.

② 집集

'괴로움의 원인'입니다. 여기에서 개인의 특성과 문화적인 차이에 따라 '고苦'의 관점이 달라집니다.

그 원인은 '갈애渴愛'에 있습니다. 중생은 만족을 모르고 끝없이 채우려만 듭니다. 그 심리는 목마른 사람이 애타게 물을 찾는 것과 같습니다. 인간은 욕망이 채워지기 전에는 결코 그치지 않습니다. 이것이 괴로움의 원인입니다.

③ 멸滅

'괴로움의 소멸'은 점진적인 노력이 있으면 가능합니다.

괴로움의 소멸을 위해서는 그 마음의 작용을 그쳐야 합니다. 생각과 감정의 흐름을 바꾸는 것입니다.

쓰레기장과 화단을 비교해 볼 수 있습니다. 쓰레기장은 아무리 깨끗이 치워도 쓰레기가 모입니다. 반대로 화단은 아름다운 꽃으로 계속 치장됩니다. 처음에 무엇을 놓느냐에 따라 동기가 부여됩니다. 감정은 어느 한 쪽으로 방향이 잡히면 진행방향에 따라 탄력을 받습니다.

④ 도道

'괴로움의 소멸에 대한 진리'는 팔정도입니다. 여덟 가지 바른 길입니다. 대승보살은 반드시 이 팔정도에 의지하여 닦아 나가야 합니다.

중생의 괴로운 세계를 '사바'라고 합니다. 이것은 '참고 견딘다'는 뜻입니다. 견디지 않으면 존재할 수 없습니다. "인간의 일생은 무거운 짐을 지고 먼 길을 가는 나그네와 같다"라는 도쿠가와 이에야스의 유훈이 이것을 잘 말해주고 있습니다.

⬤ 광명각품문명품 光明覺品問明品

「광명각품光明覺品」에서 부처님은 두 발바닥에서 무량한 광명을 발하여 삼천대천세계의 모든 것들을 나타내 보이셨습니다. 경전에서 미간에서 광명을 놓는다는 것은 깨달음의 세계를 보이는 것이고, 발바닥에서 광명이 나온다는 것은 신심이 구경에 오르는 바탕이 된다는 의미입니다.

이때 문수보살과 아홉의 각 수首보살 등 시방세계 보살들이 계송으로 부처님을 찬탄하기에 이릅니다.

「보살문명품菩薩問明品」에서는 신심을 성취하도록 하기 위해 문수보살과 9수首 보살들이 문답을 통해 의심을 파하고 있습니다. 다음은 9수首 중에 근수보살의 계송입니다.

마치 나무를 비벼 불을 구함에
마치 불이 붙기 전에 자주 쉰다면
불기운도 따라서 없어지나니
게으른 자 역시 그러하도다.

우리의 삶은 끝이 없습니다. 그리고 살아가야 하기 때문에 아름다운 세계, 부처님 공덕의 큰 바다를 향한 우리의 노력도 그칠 수 없습니다.

● 정행현수수미정 淨行賢首須彌頂

「정행품淨行品」은 보살이 어떻게 하면 신身·구口·의意 삼업이 수승하게 될 수 있는지 지수보살이 문수보살에게 묻는 내용입니다. 이에 문수보살은 보살이 마음을 잘 쓰면[善用其心] 온갖 수승한 공덕을 얻어 불법에 머물게 된다며 140원願을 일으키도록 권하고 있습니다.

「현수품賢首品」은 현수보살이 믿음에 대한 공덕을 설하는 내용입니다. 문수보살의 요청으로 현수보살이 믿음의 공덕을 찬탄합니다. 믿음에 대한 다음의 게송은 많이 알려져 있습니다. 출처가 바로 「현수품」입니다.

신위도원공덕모信爲道元功德母

증장일체제선법增長一切諸善法

단제의망출애류斷除疑網出愛流

개시열반무상도開示涅槃無上道

신위공덕불괴종信爲功德不壞種

신능생장보리수信能生長菩提樹

신능증익최승지信能增益最勝智

신능시현일체불信能示現一切佛

믿음은 도의 근원, 공덕의 어머니

모든 선법을 길러내며,

의심의 그물 끊고 애욕을 벗어나

열반의 위없는 도 열어 보이네.

믿음은 썩지 않는 공덕의 종자

보리의 나무 생장케 하며,

믿음은 수승한 지혜 증장케 하고

모든 부처님 나타내도다.

9회에 걸친 부처님의 설법 중 「현수품」은 2회 6품의·마지막 품이고, 「승수미산정품昇須彌山頂品」은 3회 6품 중 첫 품입니다.

세존께서 보리수 밑을 떠나지 않은 채 수미산에 오르셔서 한 가운데에 있는 제석천왕의 궁전으로 향하시자, 제석천왕이 궁전을 장엄하고 사자좌에 부처님을 모셨습니다. 그때 부처님께서 결과부좌를 하시니 일체 모든 곳에 계시는 부처님도 자세가 똑같았습니다.

◉ 수미정상게찬품 須彌頂上偈讚品

부처님께서 광명을 놓아 수미산 꼭대기를 비추시니 제석천궁 안에 있던 대중들이 일시에 드러났습니다. 이에 보살들이 게송으로 부처님을 찬탄하는 내용이 「수미정상게찬품須彌頂上偈讚品」입니다.

아등금견불 주어수미정我等今見佛 住於須彌頂
시방실역연 여래자재력十方悉亦然 如來自在力
일체법무생 일체법무멸一切法無生 一切法無滅
약능여시해 제불상현전若能如是解 諸佛常現前
요지일체법 자성무소유了知一切法 自性無所有
여시해성법 즉견노사나如是解性法 卽見盧舍那
우리들은 지금 부처님께서 수미산정에 계심을 보며
시방에서도 모두 그러하니 여래의 자재한 힘이로다
온갖 법이 나지도 않고 온갖 법이 멸하지도 않나니
만약 능히 이같이 알면 부처님께서 항상 현전하리라
온갖 법들이 자성이 없는 줄 알지니
법성이 이와 같은 줄 안다면 즉시 노사나불을 친견하게 되리라

이 게송은 자장율사께서 중국 오대산에서 문수보살께 기도 후에 받은 것입니다.

자장율사는 청량산(오대산)에서 3년 기도를 하였습니다. 회향 날 꿈에 문수보살이 이 게송을 일러주셨는데, 꿈에서 깨어났을 때는 정작 그 내용을 기억하기 어려웠습니다. 그런데 한 스님이 게송을 똑같이 일러주고는

자신의 가사를 벗어주고 부처님 진신사리를 주었습니다. 우리나라 오대보궁에 모셔진 사리가 바로 그 사리이고, 금란가사는 통도사에 모셔졌습니다.

⚘ 보살십주범행품 菩薩十住梵行品

「보살십주품菩薩十住品」은 법혜보살이 부처님의 위신력을 받들어 삼매에 들었다가 일어나 보살이 머무는 십주처를 설하신 것입니다. 그 열 가지는 다음과 같습니다.

① 초발심주初發心住 : 보살이 처음 발심하는 자리

② 치지주治地住 : 심지心地를 다스리는 자리

③ 수행주修行住 : 일체법을 관찰하여 수행하는 자리

④ 생귀주生貴住 : 부처님 교법에 머무는 귀한 자리

⑤ 구족방편주具足方便住 : 선근을 닦아 방편을 구족하는 자리

⑥ 정심주正心住 : 마음이 안정하여 움직이지 않는 자리

⑦ 불퇴주不退住 : 마음이 견고하여 물러서지 않는 자리

⑧ 동진주童眞住 : 동자와 같이 순진무구한 자리

⑨ 법왕자주法王子住 : 중생과 여래의 일을 아는 자리

⑩ 관정주灌頂住 : 일체종지를 얻어 앉는 머무름의 최고 자리

「범행품梵行品」에서는 청정한 수행인 범행은 다음의 열 가지로 닦아진다고 설합니다. ①몸, ②몸으로 짓는 업, ③입, ④입으로 짓는 업, ⑤뜻, ⑥뜻으로 짓는 업, ⑦불, ⑧법, ⑨승, ⑩계율입니다. 범행은 작게는 일상에서 행복을 추구하는 것에서부터 크게는 열반의 세계에 들어가기 위한 행위까지도 포함됩니다. 열반은 번뇌가 꺼진 자리이니까 수행의 궁극처이기도 합니다.

● 발심공덕명법품 發心功德明法品

「발심공덕품發心功德品」은 처음 발심한 공덕이 구경각을 이루기 때문에 대단히 크고 소중함을 말합니다. 우리가 불법에서 만나고 불법을 배우는 것도 모두 초발심이 있었기 때문에 가능합니다. 좋은 동기가 심어진 것입니다. 이 마음을 잘 유지하시기 바랍니다.

「명법품明法品」은 청정한 수행을 닦는 방법에 대한 내용입니다. 계율을 지키고, 어리석음을 버리고, 아첨하지 않고, 불퇴전을 얻고, 발심한 바를 항상 생각하고, 범부들과 어울리지 않고, 보상의 과보를 바라지 않고, 보살도를 행하고, 끊임없이 선을 행하고, 스스로 계속해서 관찰하는 것

등입니다.

〈부처님을 기쁘게 하는 10가지〉

① 부지런히 행동하여 물러나지 않는다 .

② 신명을 아끼지 않는다.

③ 이익을 구하지 않는다 .

④ 일체의 법이 허공과 같음을 관찰한다.

⑤ 묘한 방편의 지혜로써 모든 법이 같음을 관찰한다.

⑥ 모든 법을 분별하여 의지하는 마음을 없앤다.

⑦ 큰 서원을 낸다.

⑧ 청정한 지혜를 성취한다.

⑨ 손해되고 이익되는 모든 법을 배운다.

⑩ 행하는 법문을 모두 다 청정하게 한다.

잘 산다는 것이 쉬운 일이 아닙니다. 새 중에서 가장 작은 것은 미국 대륙에 사는 벌새hummingbird입니다. 새들은 보통 상승기류를 이용해 공중에 머물지만, 엄청나게 빠른 속도의 날개 짓과 날개의 방향을 바꾸는 능력으로 공중에 떠 있을 수 있는 새로는 벌새가 유일하다고 합니다. 벌새 중에 철따라 캘리포니아 연안을 오르내리며 살아가는 철새의 이동 거리는 거의 900km에 달합니다. 그런데 이 새는 1원짜리 동전의 무게밖에 나가지 않습니다. 무거우면 날지 못하기 때문에 식물의 당분만 섭취하며 나서는 고달픈 여행입니다.

"행복도 닳는다"는 말이 있습니다.

욕망은 아무리 채워도 만족을 모릅니다. 끝없이 갈구하기 때문에 구하면 구할수록 행복은 더욱 멀어집니다.

이 법계에 충만한 불보살님의 원력을 믿으시기 바랍니다.

『화엄경』 2회 설법에서 8회까지 보살이 성불해 가는 과정인 대승 52위大乘五十二位[십신十信, 십주十住, 십행十行, 십회향十廻向, 십지十地, 등각等覺, 묘각妙覺]을 단계별로 설명하고 있습니다.

「여래명호품」, 「사성제품」, 「광명각품」, 「보살문명품」, 「정행품」, 「현수품」이 보명광전에서 설법하신 2회 6품에 해당합니다.

여기서는 믿음[십신十信]에 대해 교설하십니다. 믿음은 무엇이며, 대상과 내용은 무엇이며, 어떤 의심을 떨쳐야 믿음이 생기는지, 믿음은 어떻게 성취되며, 믿음으로 인해 어떻게 되는지[공용功用]에 대해 밝히셨습니다.

하늘로 법회 장소를 옮기신 후 설법하신 「승수미산정품」을 시작으로 「수미정산게찬품」, 「십주품」, 「범행품」, 「발심공덕품」, 「명법품」까지가 3회 6품에 해당합니다.

여기서는 수미산정의 제석천궁[욕계6천欲界六天 중 제2천天]에서 법혜보살에 의하여 십주十住 법문이 설해집니다.

열여덟 번째 강설

노는 입에 염불이오

•
•
•

불승야마천궁품 佛昇夜摩天宮品
야마천궁게찬품 夜摩天宮偈讚品
십행품여무진장 十行品與無盡藏
불승도솔천궁품 佛昇兜率天宮品
도솔천궁게찬품 兜率天宮偈讚品
십회향급십지품 十回向及十地品

애인자 인항애愛人者 人恒愛
경인자 인항경敬人者 人恒敬
남을 사랑하는 자는 남도 언제나 그를 사랑하고,
남을 존경하는 자는 남도 항상 그를 존경한다.

— 『맹자』

사회적인 질서는 아주 작게는 남을 사랑하고 존경하는 마음을 가지는 것에서부터 시작됩니다. 맹목적으로 나의 주장에 동의해 주기를 바라는 것은 또 다른 갈등을 유발시킨다는 것을 잘 이해하시기 바랍니다.

● 불승야마천궁품 佛昇夜摩天宮品

「승야마천궁품昇夜摩天宮品」은 야마천왕이 부처님의 공덕과 야마천 궁의 길상함을 찬탄한 내용입니다.

부처님께서 보리수 아래와 수미산을 떠나지 아니하시고 야마천궁으로 가셔서 법문을 하셨습니다. 몸은 보리수 아래에 그대로 있는데, 천상에 가서 하늘의 신들을 상대로 법을 설하신다는 게 잘 이해되지 않을 수도 있습니다. 이 모든 것은 삼매 속에서 이뤄진 것입니다. 그래서 경전에서는 이와 같은 내용을 범부는 헤아리지 못한다고 했습니다. 이것은 우리 인식의 한계때문입니다.

야마천왕이 부처님께서 멀리서 다가오시는 것을 보고 즉시 연화장 사자좌를 만들어 맞이했습니다. 야마천왕은 지난 세상에 부처님 계신 데서 선근을 심었던 생각을 하며, 불공덕과 야마천궁의 길상함을 게송으로 말합니다. 부처님이 계시는 이유만으로 그 국토가 안락하고 행복하고 상서롭다는 찬탄이 참으로 아름답습니다.

여래를 부르는 소리가 사방에 퍼지니
여러 가지 길상 중에 가장 높으며,
부처님의 마니전에 일찍 드시니
그러므로 그곳이 가장 길상합니다.

여래께서는 세간의 등불이시니
여러 가지 길상 중에 가장 높으며,
부처님께서 청정궁전에 일찍 드시니
그러므로 이곳이 가장 길상합니다.

● 야마천궁게찬품 夜摩天宮偈讚品

그 때 시방에 각각 큰 보살들이 있었으며, 그 보살들이 한량없는 수효의 보살과 티끌 세계로부터 모여왔는데, 특히 공덕림 보살의 찬탄이 향기롭습니다.

부처님께서 큰 광명을 놓아
시방에 두루 비추시니
천상인간의 높은 스승 뵈옵기

길이 열리어 걸림이 없네.

부처님이 야마천궁에 앉으사
시방세계 가득하시니
이런 일은 매우 드물어
온 세상에서 희유한 일이라.

또한 이 품에서 각림보살이 찬탄한 「유심게唯心偈」는 지금까지도 절
집의 모든 의식에 빠지지 않고 지송되고 있습니다. 이런 게송은 반드시
외워서 자주 염송해야 합니다.

경전의 게송은 노래처럼 외우도록 하기 위해 만들어졌습니다. 부처님
당시부터 모든 경문은 외워져서 내려왔습니다. 그것을 후대에 책으로 결
집하였습니다.

심여공화사心如工畵師
능화제세간能畵諸世間
오온실종생五蘊悉從生
무법이부조無法而不造
마음은 그림을 그리는 화가와 같아서
능히 모든 세상을 다 그리네.
오온이 모두 마음으로부터 생기며

만들지 않는 것이 없네.

여심불역이如心佛亦爾

여불중생연如佛衆生然

응지불여심應知佛與心

체성개무진體性皆無盡

마음과 같이 부처도 또한 그러하며

부처와 같이 중생도 그러하네.

응당히 알라.

부처와 마음은 그 체성이 모두 끝이 없네.

약인욕료지若人欲了知

삼세일체불三世一切佛

응관법계성應觀法界性

일체유심조一切唯心造

만약 어떤 사람이

과거 · 현재 · 미래의 모든 부처님에 대하여 알고 싶다면

응당히 법계의 성품을 관하여 보라.

일체가 마음의 짓는 바이니라.

특히 마지막 게송은 '화엄경 사구게'로 알려져 있습니다. 새벽 예불

에 도량석을 하고 나면 종성이 이어집니다. 이것을 '쇳송'이라고도 하는데, 종을 치면서 게송을 외웁니다. 새벽 산사에 종소리와 함께 낭랑한 염불소리는 법열이요, 해탈의 소리 자체입니다. 쇳송에서는 이 사구게를 '지옥을 파하는 게송'이라고 합니다.

당나라 문명 원년(684), 장안에 왕명간이라는 사람이 살았습니다. 그가 선업을 쌓지 못하고 숨을 거두었는데, 저승사자에 이끌려 지옥문 앞에 다다랐습니다. 그런데 거기서 머리가 푸르스름한 한 스님을 만났습니다. 그 스님은 자신은 지장보살이라 하면서 이 사구게 게송을 외우라고 당부했습니다. 그는 이 게송을 어렵지 않게 외우면서 문 안쪽으로 들어갔습니다. 그곳은 관청처럼 대청에서 사람들을 심판하고 있었습니다.

왕 씨는 염라대왕 앞에서도 계속하여 염송을 했습니다. 염라대왕이 뭘 그리 중얼거리는지 묻자 그 사구게에 대한 자초지종을 얘기했습니다. 그러자 염라대왕은 좀 더 살다가 오라며 다시 돌려보내었습니다. 그가 깨어 보니 죽은 지 3일이 지나 있었습니다.

그는 공관사라는 절의 승정법사를 찾아가 이 사실을 말했더니 그 게송의 출처를 알려 주었다는 이야기입니다.

이처럼 경전의 한 구절이나 불보살님들의 명호를 한 번 부르는 것만으로도 불가사의한 가피가 있습니다. 게송을 외우셔도 되고, '관세음보살' 같은 염불을 계속하시기 바랍니다.

◉ 십행품여무진장 十行品與無盡藏

「십행품十行品」은 공덕림보살이 모든 부처님으로부터 지혜를 얻어 보살의 열 가지 행에 대해 설법한 내용입니다.

"여러 불자들이여, 보살의 행은 헤아릴 수가 없습니다. 그 광대함은 마치 법계와 같으며 무량무변하기가 마치 허공과 같습니다. 왜냐하면 보살은 삼세의 여러 부처님이 행하는 것을 배우고 있기 때문입니다. 불자여, 보살에게는 삼세의 여러 부처님이 설하신 십행十行이 있습니다. 십행이란 환희행歡喜行 · 요익행饒益行 · 무위역행無違逆行 · 무진행無盡行 · 이치란행離癡亂行 · 선현행先現行 · 무착행無着行 · 난득행難得行 · 선법행善法行 · 진실행眞實行입니다."

〈보살십행〉

① 환희행歡喜行 : 평등한 마음으로 일체 중생에게 보시하여 기쁘게 함.

② 요익행饒益行 : 번뇌를 극복하지 못한 중생으로 하여금 번뇌를 극복케 하고, 고요하지 못한 중생들로 하여금 고요하게 하며, 청정하지 못한 중생들로 하여금 청정케 하고, 열반에 통달하지 못한 중생들로 하여금 열반에 통달케 함.

③ 무위역행無違逆行 : 항상 인내의 법을 행하고 스스로 겸손하고 남을 공경하며 온유한 얼굴로 상냥한 말을 쓰고 스스로를 해치지 않고 남을 해하지도 않음.

④ 무진행無盡行 : 보살은 항상 많은 노력으로 정진을 행함에 끝이 없음.

⑤ 이치란행離癡亂行 : 마음을 산란케 하는 일이 없음.

⑥ 선현행先現行 : 마음을 비워 진리를 드러냄.

⑦ 무착행無着行 : 집착하여 머무름이 없는 실천을 함.

⑧ 난득행難得行 : 큰 서원으로 선근을 성취하여 중생구제의 원력을 세우고 모두 열반으로 이끎.

⑨ 선법행善法行 : 일체 중생의 청정한 연못이 되는 실천을 함.

⑩ 진실행眞實行 : 보살은 진리의 말을 성취하고, 그 말대로 행하고, 또 행하는 대로 중생을 위해 진실한 마음으로 설법함.

「십무진장품十無盡藏品」에서 '무진無盡'은 끝이 없음이요, '장藏'은 저장하는 창고를 말합니다. 샘물이 마르지 않는 것처럼 마르거나 닳지 않는다는 뜻입니다.

❀ 불승도솔천궁품 佛昇兜率天宮品

도솔천兜率天은 미륵보살님이 계시는 세계이고, 『미륵경彌勒經』에서는 도솔천이 극락입니다. 『아미타경阿彌陀經』에서는 서방정토가 극락입니다. 『화엄경』에서는 연화장세계가 극락이고, 『약사경藥師經』에서는 동방의 약사유리광세계藥師瑠璃光世界가 극락입니다.

왜 경전에 따라 극락이 다르게 표현될까요? 이것은 이름만 다를 뿐이지 실제의 세계가 다르지는 않습니다. 바다건, 샘물이건, 강물이건, 계곡의 물이건 각각 처한 입장에서는 성격이 분명하게 다른 듯하지만 물이라는 틀에서는 똑같은 이치입니다. 이것을 '묘한 쓰임[妙用]'이라고 합니다.

사람으로 비유하자면 사람이라는 본성에서는 사람은 다른 동물과 구별되는 특성이 있습니다. 언어생활을 하고 고등의 지능을 가지고 있습니다. 그러나 '반응'이라는 측면에서는 똑같은 상황일지라도 어떤 사람은 화를 내지만 아무렇지 않게 넘기는 사람도 있습니다. 음식도 짜게 먹는 사람, 달게 먹는 사람, 담백하게 먹는 사람이 있듯, 좋아하고 싫어함이 일치하지 않은 것과 같습니다.

다시 부처님께서 보리좌와 야마천궁을 여의지 않고 도솔천궁으로 올라가시자 도솔천왕이 마니장 사자좌를 베풀어 부처님을 모십니다. 그리고 꽃과 향으로 부처님을 찬탄하며 맞이합니다.

부처님께서 세상에 오시는 것 만나기 어려운데
제가 지금 일체지를 갖추신 분 친견했네.
진리에 걸림 없고 평등한 정각을 이루신 분
이와 같이 사유하고 이와 같이 관찰하네.
모든 회중에 모인 대중들이 동시에

부처님을 받들어 영접하옵니다.
또 도솔천왕도 부처님을 찬탄합니다.

옛적 걸림이 없는 달과 같은 부처님 계셔
모든 길상 가운데 가장 수승하셨네.
그 부처님 일체보장엄전에 드시었으니
그러므로 이곳이 가장 길상하여라.

● 도솔천궁게찬품 兜率天宮偈讚品

여기서부터 금강당보살을 위시하여 열 보살들이 그들에 딸린 수많은
보살들을 거느리고 부처님을 참배하고 공양 예배하고 노래로 찬탄하는
내용입니다. '금강金剛'은 '금강석처럼 단단한 최고의 지혜' '번개'의 뜻
이 있습니다. '당幢'은 자비의 깃발입니다.

『화엄경』과 『금강경』은 공통적으로 색신과 음성을 떠나 부처님을 볼
수 없다고 합니다. 그런데 『금강경』은 형상에 대한 부정이라면, 『화엄경』
은 부정을 넘어 긍정을 말합니다. 진짜 부처님을 보려면 물질로 된 형상
과 소리를 떠나야 하지만, 이 물질과 소리가 아니면 드러내 보일 수 없기
때문에 보고 아는 것이 불가능해집니다. 따라서 모든 형상도, 소리도 부

처님 아닌 게 없다는 적극적인 쓰임의 논리가 생겨납니다.

그렇기 때문에 이 세계는 그 자체로 부처님의 세계요, 화장찰해華藏
刹海요, 불국토요, 정토 아님이 없게 됩니다. 『화엄경』은 모든 것을 통합
하고 회통시키는 진리를 가르칩니다. 원융무애圓融無礙하여 버릴 것이
없습니다. 그래서 '회향'이 불법에서 중요한 정신입니다.

◉ 십회향급십지품 十迴向及十地品

「십회향품十迴向品」은 금강당보살이 보살지광삼매에서 일어나 보살
로 하여금 부처님의 회향을 닦아 배우도록 한 내용입니다.

〈십회향〉 *십회향은 십바라밀로 대치할 수 있습니다.

① 구호일체중생이중생상救護一切衆生離衆生相회향 : 일체중생을 구호하면서도
　중생이라는 생각을 떠난 회향으로, 이 회향은 보시바라밀과 관계가 있습니다.

② 불괴不壞회향 : 깨트릴 수 없는 회향으로, 깨뜨릴 수 없는 굳건한 믿음을 얻어
　그에 편안히 머물러 선근공덕을 중생에게 회향함을 말합니다. 보살의 믿음은
　이같이 강건하다는 뜻입니다.

③ 등일체불等一切佛회향 : 모든 부처님과 동등한 회향으로, 부처님께서 과거생
　에 성불하기 위하여 행한 일체의 행으로써 부처님을 따라 배워 익혀서 모든

중생에게 회향함을 말합니다.

④ 지일체처至一切處회향 ; 일체의 모든 곳에 이르는 회향으로, 보살이 선근을 닦을 때 "선근 공덕의 힘으로 모든 곳에 이르러지이다. 모든 부처님께 공양하여 한량없고 끝이 없는 세계에 충만하여지이다." 라고 발원하고 회향함을 말합니다.

⑤ 무진공덕장無盡功德藏회향 ; 무진장한 공덕창고의 회향으로, 보살이 모든 선근 공덕을 회향하여 불국토를 아름답게 꾸미는 회향입니다. 업장을 참회하고 일으킨 선근, 삼세 모든 부처님께 예경하고 일으킨 선근, 설법해 주시기를 청하여 일으킨 선근, 설법을 듣고 깨닫는 선근, 부처님과 수순중생의 선근을 함께 기뻐한 선근 공덕 등을 아낌없이 회향하는 것입니다.

⑥ 수순견고일체선근隨順堅固一切善根회향 ; 일체의 견고한 선근을 따르는 회향입니다.

⑦ 수순일체중생隨順一切衆生회향 ; 평등한 마음으로 일체중생을 따르는 회향입니다.

⑧ 진여상眞如相회향 ; 진여상의 회향으로, 보살이 진리의 본 모습과 같이 항상 선한 마음으로 선근을 회향함입니다.

⑨ 무박무착해탈無縛無着解脫회향 ; 속박도 집착도 없는 해탈의 회향입니다.

⑩ 등법계무량等法界無量회향 ; 법계와 같은 무량한 회향으로, 보살이 법보시를 비롯하여 모든 청정한 법으로 법계에 한량없는 회향을 하는 것입니다.

「십지품十地品」의 십지 법문은 타화자재천궁에서 금강장보살이 보살

대지혜광명삼매에 들었다가 설한 것입니다.

〈십지十地〉

① 환희지歡喜地 : 기쁨에 넘치는 지위

② 이구지離垢地 : 번뇌의 때를 벗는 지위

③ 발광지發光地 : 지혜의 광명이 나타나는 지위

④ 염혜지焰慧地 : 지혜가 매우 치성한 지위

⑤ 난승지難勝地 : 진제와 속제를 조화하여 매우 이기기 어려운 지위

⑥ 현전지現前地 : 지혜와 진여를 나타내는 지위

⑦ 원행지遠行地 : 광대한 진리의 세계에 이르는 지위

⑧ 부동지不動地 : 다시 동요하지 않는 지위

⑨ 선혜지善慧地 : 바른 지혜로 설법하는 지위

⑩ 법운지法雲地 : 법의 비를 내리는 지위

여름꽃인 능소화는 지지대가 없으면 높이 올라가지 못합니다. 혼자서는 일어서지 못하지만 뭔가에 의지하면 계속 올라갈 수 있습니다. 믿고 의지한 공덕입니다. 우리는 삼보에 의지합니다. 잘 의지하면 그 힘으로 높은 경지에 올라갈 수 있습니다. 잘 믿으면 놀라운 힘이 생깁니다.

『화엄경』의 네 번째 설법은 야마천궁[욕계6천欲界六天 중 제3천天]에서 설하신 것으로, 「승야마천궁품」, 「야마궁중게찬품」, 「십행품」, 「십무진장품」의 4품입니다.

여기에서는 십행十行이 설해집니다.

다섯 번째 설법은 도솔천궁[욕계6천欲界六天 중 제4천天]에서 설하셨는데, 「승도솔천궁품」, 「도솔천궁중게찬품」, 「십회향품」의 3품입니다.

여기에서는 십회향十廻向이 설해집니다.

여섯 번째 설법은 타화자재천궁[욕계6천欲界六天 중 제6천天]에서 설하셨습니다. 「십지품」 한 품이며, 보살의 수행 과정 중 거의 성불에 이른 십지十地에 대한 설법입니다.

하늘에서 펼쳐진 3회부터 6회까지의 설법 후에는 다시 지상으로 설법 장소가 옮겨집니다.

열아홉 번째 강설

기뻐도 운다

십정십통십인품 十定十通十忍品
아승지품여수량 阿僧祇品如壽量
보살주처불불사 菩薩住處佛不思
여래십신상해품 如來十身相海品
여래수호공덕품 如來隨好功德品
보현행급여래출 普賢行及如來出
이세간품입법계 離世間品立法界

시지불견 명왈이視之不見 名曰夷

청지불문 명왈희聽之不聞 名曰希

박지부득 명왈미博之不得 名曰微

보려 해도 볼 수 없는 것을 색깔이 없다 하고

들으려 해도 들을 수 없는 것을 소리가 없다 하고

만지려 해도 잡을 수 없는 것을 모양이 없다고 이름한다.

- 『도덕경』 14장

도는 근본적으로 형용할 수가 없어서 소리 · 색깔 · 언어 · 형상 · 분별을 초월하여 성인은 이 도로써 세상을 다스립니다.

이夷는 평평하여 색깔이 없고, 희希는 가늘어 소리가 없고, 미微는 가물거려 모양이 없음을 말합니다. 보고, 듣고, 잡을 수 없어서 말로 할 수 없는 이 도로써 세상을 다스리면 다스려지지 않는 것이 없다는 말씀입니다.

도대체 찾으려 해도 시작이 없으니 머리를 찾을 수 없고, 끝을 보려고 해도 꼬리를 찾을 수 없습니다. 이것이 만물의 근원입니다. 어린 아이는 하루 종일 울어도 목이 상하지 않습니다. 잘 울기 때문입니다. 잘 걷는 사람은 오래 걸을 수 있고, 잘 살면 장수합니다.

이 '잘한다는 것' 은 흐름에 따라 사는 것입니다. 흐름에 맡기면 힘들지 않습니다. 그러나 억지로 하는 일은 힘도 들고 잘 되지도 않습니다.

🌑 십정십통십인품 十定十通十忍品

「십정품十定品」은 10가지 삼매를 설하는 것으로, 삼매에 의해 보살이 모든 세계에 두루 들어가되 세계에 집착하지 않고, 중생계에 들어가되 중생에 취하는 것이 없다고 합니다.

「십통품十通品」에서는 숙명통宿命通, 누진통漏盡通 등 10가지 신통력을 보이고 있습니다.

「십인품十忍品」은 10가지 지혜의 경계인 10가지 참는 인행忍行이 설해집니다.

🌑 아승지품여수량 阿僧祇品如壽量

「아승지품阿僧祇品」은 부처님께서 심왕心王보살의 물음에 답한 내용입니다. 아승지阿僧祇라는 말은 '무량하다'는 뜻으로, 헤아릴 수도 없고 숫자로도 파악되지 않는다는 의미입니다. 이렇게 큰 숫자의 상징을 보이는 것은 중생을 위하여, 중생들이 좋아하기 때문에, 부처님의 깨달음의 경지가 깊음을 나타내기 위해서입니다.

「여래수량품如來壽量品」은 시간의 무한함을 나타내고 있습니다.

시간에 절대적인 기준은 없습니다. 각 세계마다, 각 근기에 따라 달라지게 됩니다. 기쁠 때와 괴로울 때의 시간이 다르게 느껴지고, 어떤 환경에 있느냐에 따라서도 차이가 일어납니다.

🌸 보살주처불불사 菩薩住處佛不思

「제보살주처품諸菩薩住處品」은 심왕보살이 보살들의 주처가 끝이 없음을 설한 내용입니다. ''

우리나라에도 각 보살의 성지가 있습니다. '관음도량', '문수도량', '지장도량' 하는 식입니다. 중국 산서성의 오대산은 문수보살의 성지로 많은 영험설화가 내려오고 있습니다. 오대산은 원래 더웠다고 합니다. 문수보살이 동해의 용왕을 찾아가 용왕의 아들들이 쉬는 청량석을 오대산으로 옮겨 놓은 뒤로 시원해졌다고 합니다. 또 효문제가 오대산 정상에 올랐는데 한 동자가 나타나 "불심이 있다면 방석 하나 깔 땅을 달라"고 했습니다. 문제가 허락을 하자 동자가 방석을 허공에 던졌는데, 오대산의 다섯 봉우리를 모두 덮고도 남았습니다. 문제가 다섯 봉우리에 냄새나는 부추를 깔도록 하자, 동자가 선복향·영릉향을 심어 오히려 스님들이 수행하기에 향기롭고 좋은 땅으로 바꾸었습니다.

「불불사의품佛不思議品」에서는 청연화보살이 부처님의 국토 등 부처님의 불가사의함에 대해 설합니다.

부처님을 생각한다는 것은 부처님의 법을 생각하는 것, 부처님 몸을 생각하는 것, 그리고 부처님의 공덕을 생각하는 것을 말합니다. 부처님의 국토 · 청정한 서원 · 종성種姓 · 세상에 나오심 · 법신 · 음성 · 지혜 · 신통력의 자재 · 걸림 없는 머무름이라는 열 가지의 헤아리기 어려운 깊은 세계를 보살들이 생각합니다.

이에 부처님께서 보살들의 생각을 아시고 청련화보살에게 신통력을 주자, 보살은 다시 연화장보살에게 부처님의 열 가지 과덕에 대해 100문에 걸쳐 설명합니다.

즉 열 가지 광대한 불사 · 열 가지 무위행자재법 · 열 가지 머무르는 법 · 열 가지 광대한 힘 · 열 가지 최상의 힘 · 열 가지 결정하는 법 · 열 가지 빠른 법 · 열 가지 항상 응하여 기억하는 청정한 법 · 열 가지 무량 불가사의한 삼매 · 열 가지 무위해탈법 · 열 가지 일체 지혜 등입니다. 부처님의 세계가 얼마나 광대무변한지 가늠해 볼 수 있습니다.

경전이나 어록의 비유에 많이 등장하는 것 중에 하나가 동물입니다. 때로는 새가 나오기도 하고, 물고기나 축생 같은 동물이 나오기도 합니다. 또 벌레의 비유가 있습니다. 우리가 축생을 하열하게 취급하지만 마명보살이 말을 상대로 한 법문이 통한다는 사실이 놀랍기만 합니다.

토끼, 말, 코끼리가 물을 건넌다고 생각해 보면 토끼는 발이 바닥에 닿지 않고 물에 뜬 채로 건너가고, 말은 발이 바닥에 닿기도 하고 닿지 않기도 하며 건너갈 것입니다. 그러나 코끼리는 바닥을 밟고 건너갑니다. 이 물은 십이인연의 중생의 본질에 대한 비유입니다. 토끼와 말은 성문, 연각과 같아 번뇌를 끊기는 했지만 업의 습기習氣는 남아 있습니다. 그러나 여래는 일체의 번뇌와 습기의 뿌리를 뽑아버렸기 때문에 법왕法王입니다.

이뿐만이 아닙니다. 무정물인 바위를 상대로 법문을 한 경우도 있습니다.

중국 남북조 시대에 도생道生(360경~434)이라는 스님이 있었는데, 재주가 뛰어난 젊은 법사였습니다. 당시만 해도 『열반경』이 반밖에 번역되지 않았습니다. 그런데 이 번역본 중에 하나의 문제가 제기되었습니다. 즉 '일천제一闡提' 같은 사람도 능히 성불할 수 있느냐는 문제였습니다.

'일천제'는 죄악이 극에 달한 아주 나쁜 사람을 말합니다. 부모를 죽이고, 부처와 나한을 죽이며, 나쁜 짓을 가리지 않아 죄업이 너무나 무거워 무간지옥에 떨어질 사람입니다.

당시는 불법이 완전히 전해지지 않은 상태이기에 자연히 의구심들이 많았던 시대적 배경을 알아야 합니다. 아무튼 이 젊은 법사는 '일천제' 같은 사람도 능히 성불할 수 있다고 말했습니다.

도생의 이 말이 알려지자 전국의 법사들은 그를 때려 죽여야 한다고 난리였습니다. 분위기가 격앙되었지만 젊고 유능한 아까운 사람이라 해치지는 않고, 강남 지역으로 내쫓았습니다. 당시는 불법이 장강 이북에만 퍼져 있어서 강남은 불법이 희박했습니다.

강남으로 쫓겨 간 도생은 소주, 금산 일대에 이르러 띳집을 짓고 살았습니다. 아무도 그의 말을 들어주지 않았기에 그는 바위를 마주 대하고 말하곤 했습니다.

하루는 그가 다시 이 문제, 즉 죄악이 극에 이른 중생이라도 최후에는 성불할 수 있느냐는 것을 언급하면서 너희들은 어떻게 생각하느냐고 물었습니다. 그러자 앞에 있던 바위들이 고개를 끄덕였다고 합니다.

도생의 속성俗姓은 축竺, 수도인 건강建康에서 축법태竺法汰에게 학문을 배웠고, 7년 동안 여산의 혜원慧遠과 지낸 다음, 북쪽의 장안으로 가서 구마라집과 함께 가장 박식하고 달변의 불교학자가 되었습니다. 409년경에 남쪽으로 돌아와 여산과 건강에서 강론을 펴다가, 혁신적인 가르침 때문에 보수파 승려들에게 쫓겨나기도 했습니다. 도생의 명예가 회복된 것은 『대반열반경大般涅槃經』이 한역되어 나온 뒤였습니다. 6세기와 7세기의 위대한 선승禪僧들은 그의 가르침을 더욱 발전시키고 체계화했습니다.

마명馬鳴존자는 부처님으로부터 법을 전해 받아 내려오는 전등傳燈의 제12조가 됩니다. 이렇게 법이 전해져 보리달마에 이르면 28조로써 중국으로는 달마대사가 초조가 됩니다.

마명은 1~2세기경의 사람입니다. 『전등록』에 따르면 주周 현왕 37년(기원전 327)

에 입적했다고 합니다. 탁월한 지혜와 말솜씨를 지녀서 카니슈카왕의 종교 고문이 되기도 했습니다. 저서로는 『불소행찬』, 『건치범찬』, 『대승기신론』, 『대종지현문본론』 등인데, 이 중에 『대승기신론』이 유명합니다. 마명을 존자로 부르기보다는 보살로 더 많이 부르는 것은 그만큼 대승불교에 있어 업적이 뛰어나고 훌륭하기 때문입니다. 『화엄경』「약찬게」시작에 나왔던 용수보살도 마찬가지입니다.

마명馬鳴보살의 이름을 풀이하면 '말의 울음'인데, 여기에는 연유가 있습니다.

첫째는 태어났을 때 여러 말들이 기뻐서 울음을 그치지 않았다는 것입니다.

부나야사존자가 마명의 전생에 관하여 대중들에게 설했습니다.

"이 대사는 옛날에 비사리국의 임금이었소. 그런데 그 나라의 어떤 부류 사람들은 말처럼 벌거벗은 채로 지내고 있었소. 이에 대사가 신통력으로 누에로 변신해 실을 만들어내어 그들은 옷을 입을 수 있게 되었소. 그 후에 중인도에 다시 태어났는데 말과 사람들이 모두 다 감격하고 연모하여 구슬피 울었으므로 이름을 '마명'이라 하였던 것이오."

이어서 존자는 마명에게 출가를 허락하고 계를 주고 나서 전법을 내렸습니다.

"여래의 큰 법의 비밀을 이제 그대에게 부촉하노라."

그리고 게송으로 말하였습니다.

미혹함과 깨달음은 숨음과 드러남으로 말할 수 있으니

빛과 어둠은 서로 떨어지지 않는 것.

이제야 숨음과 드러남의 법을 부촉하니

하나도 아니고 둘도 아닌 것이다.

부나야사존자는 이렇게 법을 마명에게 부족하고 열반에 드셨습니다.

둘째는 존자께서는 가야금을 잘 탔는데, 가야금을 타면서 법문을 일러주면 말들이 소리 내어 울었다는 것이 또 하나입니다.

다음은 월지국의 왕과 관련된 마명의 이야기입니다.

월지국의 왕은 불심이 깊었습니다. 훌륭한 스님이 계신다는 말을 들은 왕은 법력을 한번 시험을 해보고 싶었나 봅니다. 우선 왕은 사람을 시켜 말 몇 마리를 일주일을 굶기도록 했습니다. 그런 후 존자를 모셔오라 했습니다. 존자가 왕을 만나 담소를 나누는 사이 일주일 굶긴 말들이 풀밭으로 이끌려 나왔습니다. 일주일을 굶은 말이 오죽하겠습니까? 왕은 물과 푸릇푸릇한 풀이 잘 자란 초지에 말을 풀어놓으라 하고는 존자께 청을 올렸습니다.

"존자께서 법력이 훌륭하시다는 말씀을 들었습니다. 그래서 제가 직접 법력을 보고 싶습니다. 말들을 향해 법문을 해보십시오."

존자가 망설이지 않고 풀밭의 말을 보고 법문을 시작했습니다. 순간 놀라운 일이 벌어졌습니다. 일주일을 굶은 말들이 물이나 풀을 돌아보지 않고 법사의 법문에 귀를 기울이는 것이었습니다. 그리고 법문이 끝나자 감격하여 소리 내어 울었는데, 그 울음이 좀처럼 그치지 않았습니다. 이것을 지켜본 왕이 탄복하며 '마명'으로 부르게 되었다고 합니다.

◉ 여래십신상해품 如來十身相海品

「여래십신상해품」에서는 부처님의 몸에 나타난 신체의 특징을 말하고 있습니다. 보현보살이 부처님 몸에 갖춰진 96가지의 훌륭한 모습[大人相]을 들어 부처님의 뛰어난 공덕을 낱낱이 설명하는 품입니다.

◉ 여래수호공덕품 如來隨好功德品

「여래수호공덕품」은 부처님께서 보수보살에게 여래의 32상 80종호 가운데 광명을 발하는 빛의 공덕에 대해 설하신 품입니다. 부처님의 모습이 어떻게 달라져 어떤 의미를 갖는지 이 품에서 설해집니다.

◉ 보현행급여래출 普賢行及如來出

이것은 「보현행품普賢行品」과 「여래출현품如來出現品」을 말합니다.
「보현행품」에서는 보현보살의 덕이 법계에 두루 미치어 중생을 이롭게 하는 보현행을 의미합니다. 특히 성내는 것은 마음에 수많은 장애를 가져옴을 설하고 있습니다. '일장일체장一障一切障'이라 하여 한 장애가 일체의 장애를 불러 온다는 말입니다. 경전에는 백만 가지의 장애라고 합니다. 육신과 환경의 장애는 물론이고, 진리를 보지 못하고 선지식을 알아보지 못하는 장애까지 이루 헤아릴 수 없이 많습니다.

「여래출현품」에서는 여래출현의 인연은 무량한 법으로 이뤄지기 때문에 알기 어렵다고 합니다.

다음의 게송을 보시기 바랍니다.

약유욕지불경계若有欲知佛境界
당정기의여허공當淨其意如虛空
원리망상급제취遠離妄想及諸取
영심소향개무득令心所香皆無得
만약 부처님 경계를 알고자 한다면
마땅히 마음을 허공처럼 맑게 하라.
모든 망상과 집착을 멀리 여의고
마음으로 하여금 걸림이 없도록 하라.

중국의 화엄 십찰 가운데 하나이며 측천무후가 어머니를 위해 세웠던 숭복사의 큰스님이었던 당唐대의 혜소스님이 젊어서 종남산에서 「여래출현품」을 매일 독송하였습니다. 어느 날 스님이 독송하고 있을 때 여러 보살들이 땅에서 솟듯이 나타나 주변을 광명으로 비추면서 스님의 독경을 듣다가 끝나자 허공으로 사라졌다고 『화엄경』 「감응전」에 기록되어 있습니다.

● 이세간품입법계 離世間品立法界

『이세간품離世間品』은 "어떤 것이 보살의 의지이며, 기특한 생각이며, 행이며, 선지식이며, 부지런한 정진이며, 안정이며, 중생을 성취함이며, 여래의 열반을 보이심인가?" 하는 보혜보살의 200가지 물음에 대해, 보현보살이 한 물음에 10가지씩 모두 2,000가지로 대답한 것입니다.

'이세간離世間' 이란 곧 '처염상정處染常淨'을 뜻하는 말이니, 동사섭同事攝으로 중생과 함께 어울리지만 번뇌에 물들지 않는 경계를 뜻합니다. 이것이 더러움에 있으나 항상 청정함을 누리는 '처염상정' 입니다. 범부는 헤아리기 쉽지 않습니다. '처염상정' 은 불교에서 하는 독특한 표현입니다. 즉 우리가 매일 같이 살아가는 현실 속에서도 얼마든지 영향을 받지 않고 살아갈 수 있는 초월적인 세계를 단적으로 보여주는 말입니다.

덧붙여 '이세간離世間' 이라고 하니까 세간을 벗어나는 진리가 따로 있는 것처럼 생각하기 쉬우나 한 생각 돌리면 대자유요 해탈인데, 먼 데서 구할 것이 아니라 바로 자기 마음을 잘 돌이켜보라는 것입니다. 장미의 비밀은 장미에 있고, 바위의 비밀은 바위에 있듯이 나의 비밀은 내 안에 있습니다. 부처님께서 마음을 바로 보라는 것은 이 세상의 모든 것이 마음이 그리는 그림에 지나지 않기 때문입니다.

보살여연화 자근안은경菩薩如蓮華 慈根安隱莖
지혜위중예 계품위향결智慧爲衆蘂 戒品爲香潔
불방법광명 영피득개부佛放法光明 令彼得開敷
불착유위수 견자개흔락不着有爲水 見者皆欣樂
보살은 연꽃과 같아서 자비는 뿌리가 되고 편안한 것을 즐기며,
지혜는 꽃술이요 계율은 깨끗한 향기이다.
부처님 법의 광명을 놓아 그 연꽃을 피게 하니,
번뇌의 물[有爲水]이 묻지 못하며 보는 이는 모두 기뻐라.

위 게송에서 보살을 연꽃에 비유했습니다. 연은 아름다운 꽃을 피웁니다. 꽃 자체만 보면 더없이 깨끗합니다. 그러나 그 꽃은 줄기가 받치고 있고, 그 줄기는 더러운 물속으로 내려가고, 진흙에 뿌리를 내리고 있습니다. 결국 우리의 자유와 행복이란 것도 지금의 나를 벗어나서는 이뤄지지 않습니다. 허공의 맑음이 좋다고 위로만 솟으려 하거나, 더럽다고 땅에서 발을 떼는 순간 목숨이 없습니다.

‘유위有爲’는 중생의 소견으로 굴러가는 세계입니다. 반대는 ‘무위無

爲’가 됩니다. 중생의 소견은 항상 득실과 시비가 있습니다. 무엇이든 흔적이 남습니다. 그러나 깨달음의 경지에서는 아무리 써도 늘거나 줄지 않습니다. 큰 바다의 물은 가물거나 홍수가 난다고 할지라도 차이가 없습니다.

모든 것은 마음에서 비롯되고, 그 마음에는 실체가 없다고 보기 때문에 『화엄경』을 수지 독송하면 온 우주를 상대로 자유자재한 신통변화를 부리게 됩니다.

'자구다복自求多福' 이란 말이 있습니다. '스스로에게서 구하면 많은 복을 얻는다' 는 뜻입니다. 밖으로 찾고 쌓는 것이 아니라 마음을 잘 닦으면 복이 모입니다. 재물은 복이 있는 사람에게 모이는 법입니다. 극락과 정토의 즐거움이란 것도 지금 여기서 즐거움을 모르는 사람이 다른 세상으로 옮겨간들 알 수 있는 게 아닙니다.

「입법계품入法界品」은 선재동자가 문수보살로부터 발심하여 53선지식을 참예하여 보살도를 배우고, 보현보살의 원과 행을 성취함으로써 법계에 들어간다는 내용입니다.

덕운비구로부터 시작하여 문수와 보현보살에 이르도록 어떻게 하면 보살행을 성취하는지 가르침을 구하는 긴 여정입니다. 예전에 '은하철도 999' 라는 텔레비전 만화 영화도 「입법계품」을 소재로 한 것이라고 합니다.

이 「입법계품」과 「보현행원품」은 별도로 떼어서도 많이 수지 독송되어 왔습니다. 보살행을 말할 때면 어김없이 이 두 가지 경전이 나옵니다.

중국 서안 남쪽에 있는 종남산은 도교나 불교의 성지로 추앙받았습니다. 수나라 때 이 산에 혜오慧悟라는 스님이 도반과 함께 나무열매로 연명하며 동굴 속에서 『화엄경』과 『열반경』을 각각 밤낮으로 독송하며 지냈습니다.

어느 날 문득 어떤 사람이 나타나 두 분 가운데 한 분을 초청하겠다고 하여 서로 양보 끝에 혜오가 따라 나섰습니다.

산을 가로질러 기암괴석을 지났는데 갑자기 산신이 나타나 그를 들어 올리자 꽃으로 장엄된 궁전이 나타났습니다. 그리고 허공에서는 500명의 비구가 나타나 『화엄경』을 독송하는 그를 공경한다고 하고는 공양을 마친 후에 허공으로 사라지는 것이었습니다.

이번에는 마당에 몇 명의 동자들이 놀고 있다가 혜오를 보고 한 동자가 다가와 입속을 벌려 보고는 병이 있다며 손톱조각을 떼어서 혜오의 입에 넣었습니다. 그리고는 다시 입을 벌려 보라고 하고는 입이 다 나았다고 하더니 혜오의 입속으로 들어가서는 나오지 않았습니다. 동자가 바로 선약仙藥이었습니다.

신선과 헤어져 돌아온 혜오는 『화엄경』의 힘으로 선약을 얻었기에 이제는 더 이상 인간과 같지 않으므로 함께 살 수 없다며 부처님 세계에서 만나자며 허공으로 사라졌습니다.

이렇듯 경전의 수지와 독송은 불가사의한 위신력이 있습니다. 「약찬게」를 꼭 외우시기 바랍니다. 길을 가거나 혼자 한가로이 있을 때도 소리 내어 외우면 자신도 모르는 사이에 갑옷을 입은 것처럼 가피가 있음을 알게 될 것입니다.

보광명전에서 설해진 7회 법회는 모두 11품으로 「십정품」, 「십통품」, 「십인품」, 「아승지품」, 「수량품」, 「제보살주처품」, 「불부사의품」, 「여래십신상해품」, 「여래수호공덕품」, 「보현행품」, 「여래출현품」입니다.

　여기에서는 대승 52위大乘五十二位 중 성불에 거의 이르러 간 등각等覺에 대한 내용이 설해집니다.

　『화엄경』의 8회 법회에서는 역시 보광명전에서 「이세간품」한 품을 설하셨습니다.

　여기에서는 보살의 수행 계위인 대승 52위 중 마지막 단계인 묘각妙覺에 대한 내용입니다.

　이상 2회에서 8회까지의 법회에서 보살이 성불해 가는 과정을 나타내는 대승 52위를 단계별로 설하셨는데, 이 부분이 전체 『화엄경』의 본론이라고 할 수 있습니다.

　『화엄경』의 마지막 9회 법회는 급고독원에서 이루어졌으며, 「입법계품」을 설하셨습니다.

　53선지식을 만나면서 성불해 가는 과정을 설하심으로써 중생이 성불하는 과정을 가르쳐 주고 계십니다.

스무 번째 강설

며느리 어느덧 시어머니 되었네

·
·
·

시위십만게송경 是爲十萬偈頌經
삼십구품원만교 三十九品圓滿敎
풍송차경신수지 諷誦次經信受持
초발심시변정각 初發心時便正覺
안좌여시국토해 安坐如是國土海
시명비로자나불 是名毘盧遮那佛

'시위십만게송경 ~ 삼십구품원만교'는 『화엄경』의 39품 품명을 소
개한 부분의 마지막 두 구입니다.

『화엄경』「약찬게」의 마지막 네 구인 '풍송차경신수지 ~ 시명비로자
나불'은 '이 경을 믿고 수지하면 그 초발심이 바로 정각을 이뤄서 화장세

계에 들어갈 수 있다' 는 내용의 유통송流通誦입니다.

🔵 **시위십만게송경 是爲十萬偈頌經 삼십구품원만교 三十九品圓滿敎**

『화엄경』은 10만 게송에 39품의 원만한 가르침으로 구성되어있다는 말입니다. 총정리 차원에서 다시 『화엄경』 구성을 소개해드리면 다음과 같습니다.

＊『대방광불화엄경』(80화엄, 7처 9회 39품)

제1회	적멸도량회	제1품 세주묘엄품 · 제2품 여래현상품 · 제3품 보현삼매품 · 제4품 세계성취품 · 제5품 화엄세계품 · 제6품 비로자나품
제2회	보광법당	제7품 여래명호품 · 제8품 사성제품 · 제9품 광명각품 · 제10품 보살문명품 · 제11품 정행품 · 제12품 현수품
제3회	도리천궁회	13품 승수미산정품 · 제14품 수미정상게찬품 · 제15품 십주품 · 제16품 범행품 · 제17품 초발심공덕품 · 제18품 명법품
제4회	야마천궁회	19품 승야마천궁품 · 제20품 야마궁중게찬품 · 제21품 십행품 · 제22품 십무진장품
제5회	도솔천궁회	23품 승도솔천궁품 · 제24품 도솔천궁중게찬품 · 제25품 십회향품
제6회	타화자재천궁품	26품 십지품(환희지-법운지)

제7회	보광법당중회	27품 십정품 · 제28품 십통품 · 제29품 십인품 · 제30품 아승지품 · 제31품 수량품 · 제32품 제보살주처품 · 제33품 불불은의법품 · 제34품 여래십신상해품 · 제35품 여래수호광명공덕품 · 제36품 보현행품 · 제37품 여래출현품
제8회	보광법당삼중회	38품 이세간품
제9회	중각강당회	39품 입법계품 (40화엄) 불가사의 해탈경계 보현행원품入不思議 解脫境界 普賢行願品

● 풍송차경신수지 諷誦次經信受持 초발심시변정각 初發心時便正覺

'풍송諷誦'은 경전의 문구를 소리 내어 읽는 것을 말합니다. '풍諷'은 '외워서 내는 소리'입니다. 모든 경문은 서술하는 부분이 나오고 마지막에는 게송으로 다시 설하였습니다. 게송은 시처럼 외우기 좋도록 문장을 압축한 것입니다. 물론 남이 들을 수 있도록 소리를 내야합니다. 이렇게 내는 소리는 음악처럼 듣기도 좋고, 암송하는 사람은 운율을 타서 할 수 있어야 합니다.

'초발심시변정각'은 처음 발심한 그 마음이 바른 깨달음을 이루는 원인이요 결과라는 뜻입니다.

처음 시작하는 동기가 중요합니다. 시작이 절반이라 합니다. 여기서

'초初'는 옷을 만들기 위해 옷감을 재단하는 것을 말합니다. 재단을 어떻게 하느냐에 따라 옷이 달라집니다. 또 처음의 마음이 변함없어야 목적지까지 갈 수 있습니다. 절에서 '초심'을 특히 강조하는 이유가 여기 있습니다. 시작의 자세가 굳건하면 중간에 퇴굴심이 날지라도 포기하지 않게 됩니다.

◉ **안좌여시국토해 安坐如是國土海 시명비로자나불 是名毘盧遮那佛**

부처님은 시간과 공간을 초월하며, 오고 가는 거래상이 없습니다.

부처님이 좌정하여 삼매에 들면 지극히 편안한 상태가 됩니다. 이 흔들림 없는 자세는 마음의 안정에서 옵니다. 우리가 일상에서 불안해하는 마음은 결국 안정을 못하기 때문에 그렇습니다. 마음이 편안하면 모든 것을 참아내고 이겨낼 수 있습니다. 극락을 '안락국安樂國'이라고도 합니다. 마음이 안정된다는 것은 큰 공덕입니다. 시끄러움과 번뇌는 마음의 불안정에서 생겨납니다.

비로자나불은 삼천대천세계에 불사를 짓지 않음이 없습니다. 집을 짓는 불사가 아니라 중생을 행복하게 하는 불사입니다.

이와 같은 모든 수행과 공덕의 끝은 회향에 있습니다. 불도를 성취했으면 다시 중생들 곁으로 내려와야 합니다. 그래서 『화엄경』의 끝은 '보현보살 십행원'으로 귀결됩니다.

〈보현보살의 열 가지 행원〉

① 예경제불원 禮敬諸佛願 : 일체 부처님을 공경하고 예배함

② 칭찬여래원 稱讚如來願 : 모든 부처님을 찬탄하고 칭찬함

③ 광수공양원 廣修供養願 : 부처님께 널리 공양함

④ 참회업장원 懺悔業障願 : 업장을 참회함

⑤ 수희공덕원 隨喜功德願 : 다른 이들의 공덕을 같이 기뻐하고 따름

⑥ 청전법륜원 請轉法輪願 : 법문을 청함

⑦ 청불주세원 請佛住世願 : 부처님이 오래 이 세상에 머무르시기를 청함

⑧ 상수불학원 常隨佛學願 : 언제나 부처님의 모든 것을 따라 배움

⑨ 수순중생원 隨順衆生願 : 언제나 중생의 뜻을 따라 줌

⑩ 보개회향원 普皆廻向願 : 지금까지의 모든 공덕을 일체 중생에게 되돌림

여기서 하나 중요한 것은 회향의 의미체로 '정토'와 '아미타여래'가 등장한다는 점입니다. 아미타阿彌陀란 이름은 '무량수無量壽'·'무량광無量光'을 나타내는 산스크리트인 '아미타유스amitāyus'와 '아미타브하amitābhas'의 한역漢譯입니다. 본래 정토淨土라고 하는 용어는 대승불교 일반에서 쓰이는 술어이며, 아미타불의 극락정토에 한정해서 쓰이

는 말은 아닙니다. 다시 말하면 정토란 시방삼세十方三世의 모든 불국토를 가리키는 말인데, 어느새 아미타불의 극락국토만을 정토라고 부르게 된 것입니다.

정토사상에서 가장 중요한 용어는 '극락', '아미타불', 그리고 '본원本願' 입니다. '나무아미타불'을 염송하여 극락정토에 왕생하는 것이 정토신앙의 요체입니다. 왕생은 아미타불의 본원에서 비롯되며 중생을 구제하지 않을 수 없는 동체대비同體大悲의 지혜와 자비가 아미타불의 본원을 통해서 중생에게 회향되는 것을 말합니다. 그래서 정토와 피안을 그리워하는 마음은 어쩌면 지극히 행복한 땅, 번뇌와 괴로움이 없는 유토피아와 같은 세상을 꿈꾸는 아름다운 마음인 것입니다. 재齋, 시식施食 중에 '나무아미타불'을 염하기 전에 읽는 게송이 바로 이것입니다.

원아임욕명종시願我臨欲命終時
진제일체제장애盡除一切諸障碍
면견피불아미타面見彼佛阿彌陀
즉득왕생안락찰卽得往生安樂刹
원하옵건대 제가 목숨을 마칠 적에
온갖 장애가 소멸되어
아미타 부처님을 뵈옵고
곧바로 극락세계에 태어나게 하여지이다.

이것은 선재동자가 53선지식을 친견하고 한량없는 법문을 배운 뒤에 맨 마지막으로 다시 보현보살을 친견하였을 때, 보현보살이 선재동자에게 십대원왕十大願往으로 극락세계에 왕생하도록 가르치는 법문으로「입법계품」에 있습니다. 또 절에서 하는 모든 크고 작은 불사는 물론이고 경전의 공부나 계율의 염송 끝에 하는 다음의 유명한 게송도「보현행원품」의 마지막에 나오는 내용입니다. 역시 '행복한 세상'에 대한 믿음과 염원을 담고 있습니다.

아차보현수승행我此普賢殊勝行
무변승복개회향無邊勝福皆廻向
보원침익제중생普願沈溺諸衆生
속왕무량광불찰速往無量光佛刹
바라건대 보현보살 거룩한 행의
그지 없이 훌륭한 복 다 회향하여
삼계 고해 빠져 있는 모든 중생들
속히 아미타불 극락세계에 왕생하여지이다.

이상으로 20회로 나누어 진행한『화엄경』「약찬게」강설의 대단원을 고합니다. 모든 일에는 시작과 끝이 있습니다. 영원한 행복의 안식처인 천당이나 극락은 이생을 마치고서 갈 수 있는 세계입니다. 이 말은 반대로 삶의 완성은 없다는 뜻이기도 합니다.

여기에 우리 삶의 한계와 고민이 있습니다. 극락정토에 왕생하기를 꿈꾸는 것은 실제 우리 생활의 정화를 가져 오고, 나아가 이생을 극락정토로 장엄하는 길이기도 합니다.

架上碗兒轉流轉
가상완아전류전

媳婦自有做婆時
식부자유주파시

시렁 위의 밥그릇 돌고 돌아 쓰고 나니

며느리 어느덧 시어머니 되었네.

큰스님들의 설법을 듣고 자랐던 제가 이제는 대중을 상대로 법문을 하고 글로써 불법을 알려야 하는 위치가 되었습니다.

「약찬게」 기도 제자들께 불보살님의 가피가 가득하시기를 기원합니다. 이것으로 총 20회에 걸쳐 진행한 '「약찬게」 강설'을 마칩니다.